KB192871

섭식장애의 치료

환자와 가족 그리고 치료자를 위한 지침서

•

김율리 · 전옥순 공저

Treatment of Eating Disorders

학 지사

이 책은 2011년도 한국연구재단 국제협력사업의 지원을 받아 저술되었음
(과제번호 2011-0030914)

머리말

　"10년만 일찍 제대로 치료를 받았더라면…." 우리가 만난 많은 환자는 그간 이 병을 앓아 오면서 겪은 고통과 잃어버린 시간을 두고 무척 아쉬워했다. "그 오랜 세월을 함께 힘들어했어요. 어떻게 하는 게 제대로 하는 것인지 모르겠어요." 우리는 환자 못지않은 고통을 겪고 있는 부모와 가족의 짐을 덜어 주고 그들에게 섭식장애와 싸우는 효과적인 방법을 알려 주고자 했다. 왕복에 꼬박 하루가 소요되는 먼 거리임에도 빠짐없이 치료에 참석하는 환자와 그 가족을 보며 가까이에서 이병을 잘 치료받을 수 있다면 얼마나 좋을까 하고 생각했다. 이 책의 구상과 집필은 그간 우리가 만난 많은 섭식장애 환자의 치료에서 발생한 다양한 요구와 필요에 따라 이루어졌다.

　이 책에서 우리는 섭식장애치료의 새로운 패러다임인 신모슬리 기법(the new maudsley method)을 토대로 한국 문화와 현실에서 이를 어떻게 적용해야 할지를 구체적으로 설명하였다. 이 책을 통해 환자는 행동과 생각을 바꾸고, 가족은 효과적으로 환자를 돕고, 치료자는 환자의 감정을 이해하면서 치료의 구체적인 기술을 익힐 수 있을 것이다. 이 책이 섭식장애를 겪고 있는 당사자, 가족, 그리고 그러한 환자와 함께하는 치료자에게 큰 도움이 될 것으로 기대한다.

이 책에 나온 사례들은 우리와 함께 이 병을 치료하는 험난한 항해를 하면서 슬픔과 기쁨을 함께 나눈 환자들의 생생한 이야기다. 회복의 여정을 돌아보며 자신의 이야기를 선뜻 활용하도록 허락해 주신 그분들에게 감사한다. 그리고 함께 치료팀에서 수고해 주신 미술치료사 권젬마 선생님에게 고마운 마음을 전한다. 끝으로 치료에 전념할 수 있도록 오랜 시간 곁에서 지원을 아끼지 않은 저자들의 가족에게 우리 노력의 결실인 이 책을 바친다.

2013년 7월
김율리, 전옥순 씀

차 례

제 3 장　치료자를 위하여　　127

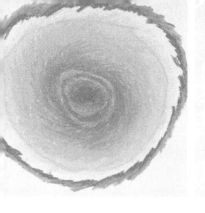

제 1 장

섭식장애에 대한 이해

꽃
22세, 여성, 거식증
"제 감정이에요. 꽃(花)이기도 하면서
꿈틀대는 화(火)이기도 해요."

1. 섭식장애

1) 섭식장애란 어떤 병인가

섭식장애란 한마디로 먹는 행동에 문제가 생기는 병이다. 섭식장애 환자는 체중이 늘어나거나 체형이 달라지는 것을 두려워하며, 대인관계에서 어려움을 겪게 되면 그 이유를 자신의 체중이나 체형 탓으로 돌리고 이상적인 체중이나 체형을 만들어서 해결하려고 한다. 우리 사회에 날씬한 사람을 선망의 대상이나 근사한 사람으로 혹은 자기 조절에 성공한 사람이라 보는 시각이 있는 것은 사실이며, 환자는 이에 집착하여 마른 상태를 유지하는 것이 자신감을 얻는 최선의 방법이라고 생각해서 체중조절을 한다.

거식증(신경성 식욕부진증, anorexia nervosa), 폭식증(신경성 폭식증, bulimia nervosa) 및 대식증(binge eating disorders)은 모두 몸무게가 늘어나는 것을 비정상적으로 두려워하고, 날씬한 체형에 지나치게 집착하며, 자신을 실제보다 살이 찐 것으로 인식하는 등의 왜곡된 생각을 하여 섭식행동에 장애가 생기는 병이다. 또한 섭식장애 환자는 일상생활에서 필요한 감정조절을 적절히 하지 못한다. 섭식장애 중에서 특히 거식증의 문제는 일반적인 질환과는 달리 환자가 이를 병으로 생각하지 않는다는 것이다. 따라서 가족이나 주위 사람은 느끼지 못하는 사이에 병이 급속히 악화되는 경우가 흔히 발생한다.

2) 현대사회와 섭식장애

섭식장애는 특히 사회와 문화의 영향을 많이 받는 병이다. 산업화에 따른 풍요로움의 결과로 고칼로리 음식이 넘쳐나는 데 반해 활동 기회는 줄어들면서 현실적으로 과체중이 되기 쉬운 환경이 되었다. 게다가 여러 대중매체는 날씬함을 아름다움으로, 비만을 추함으로 여기는 분위기를 조장한다. 섭식장애는 이처럼 문화적 영향을 받아 날씬함에 가치를 두는 사회분위기에 편승해 발병하기 쉽다.

매스컴에서 섭식장애를 종종 다루고 있는데, 주의 깊게 보지 않으면 이 병에 대한 오해를 갖기 쉽다. 자극적이고 흥미 위주의 보도를 하는 대중매체의 특성상 섭식장애를 피상적, 단편적으로 소개하거나 증상을 왜곡해 설명하여 사람들이 이 병의 본질을 간과하기 쉽다. 이 때문에 섭식장애를 앓고 있는 환자나 그 가족은 미디어 내용만 본다면 이 병이 어떤 병인지, 어떻게 해야 나아질 수 있는지, 어떤 정보가 사실인지 혼란할 때가 종종 있다.

섭식장애는 일차적으로는 정신질환이며 이 병이 초래하는 정신적·신체적 부작용은 심각하다. 제대로 치료를 받지 않으면 병이 수년 이상 지속될 수도 있다. 섭식장애는 환자와 그 가족의 모든 측면, 즉 개인적·정서적·사회적·직업적인 부분까지도 파괴하여 결국에는 삶의 전반에 치명적인 영향을 미친다.

섭식장애 환자는 이 병을 앓고 있는 심정을 다음과 같이 이야기한다.

- 내가 힘들고 괴롭거나 외로울 때는 그 방법밖에 없는 것 같았어요. 그 순간만은 모든 걸 잊을 수 있었어요.
- 내가 이 거식증을 떨쳐 버리려고 한다면 체중에 대한 미련이 나를 붙잡을 거예요. 그게 바로 내가 두려워하는 거예요.
- 한 가지에 집착하면 꼭 이루고야 마는 제 강박적인 생각과 행동, 그리고 외모에 대한 집착에서 나타난 병이라고 생각해요. 이 증상이 하루 종일 언제 어디서든 머릿속에서 지워지지 않고 날 괴롭히고 있어요.
- 섭식장애는 저를 현혹하여 나쁜 길로 가게 했지요. 제 생각과 몸을 갉아먹으며 제 의지대로 할 수 없게 만들었고 저를 조종했어요.
- 이 병은 제 꿈을 앗아 갔어요. 하루 종일 음식 생각과 체중에 대한 불안감으로 다

른 일에 집중할 수가 없어요. 이제는 제 꿈도 희망도 아득히 사라진 것 같아요.

• 섭식장애라는 무거운 쇳덩이가 가슴속에 매달려 있는 것 같아요. 그 무게와 압박이 저를 꼼짝 못하게 해요.

이처럼 섭식장애는 환자가 외로움과 삶에 대처하는 하나의 방편으로서 발생하지만, 동시에 삶에서 도피하는 수단이 된다. 섭식장애 환자는 세상이 마음대로 되지 않는다고 느낄 때 먹는 것을 조절하는 것이 삶을 통제할 수 있는 수단이 된다고 믿는다. 그렇지만 결국에는 섭식장애가 환자를 통제하고 환자의 모든 생각까지 덮치고 만다. 섭식장애가 지속되면 환자에게는 오로지 음식에 대한 생각만 남고, 섭식장애는 결국 개인의 인생 전반을 피폐하게 만든다.

3) 섭식장애에 걸리면 다시는 건강을 회복하기 어려운가

여기에 대해서는 한마디로 단언하기 어렵다. 대부분의 섭식장애로 인한 신체적 문제는 체중을 회복하거나 다이어트를 그만두면 좋아진다. 하지만 완전한 회복이 가능한지 여부는 섭식장애가 시작된 나이, 겪은 기간 등에 따라 크게 달라질 수 있다. 특히 사춘기는 평생의 건강에 결정적인 영향을 미치는 시기다. 만약 당신이나 당신의 자녀가 사춘기 내내 섭식장애라면 이후에 섭식장애로 인해 잃어버린 건강을 회복하는 데는 상당히 오랜 시간이 걸린다. 장애를 겪는 동안 성장하지 못한 키, 손상된 골밀도, 2차 성징 등을 완전히 회복하는 것은 불가능할 수도 있다. 또한 사춘기는 지적·정신사회적 성장에도 매우 중요한 시기이기 때문에, 사춘기를 섭식장애로 보내고 나서 뒤늦게 치료를 시작한다면 환자의 지적 기능이나 사회성이 완전하게 발달·성숙할지는 장담할 수 없다.

4) 섭식장애 환자의 특징은 무엇인가

대학 3학년생인 이 여성은 유학 중에 거식증이 발병하였고, 부모의 권유로 귀국하여 치료를 시작했다. 이 여성은 거식증에 걸린 후 자신의 변화를 다음과 같이 표현했다.

사 례

일단 얼굴이나 배가 전과 달라졌다고 느끼게 되면 거울을 볼 때마다 눈물이 날 것 같아요. 그래서 항상 몸 곳곳을 손으로 짚어서 얼마나 살이 있는지 확인하는 강박증상이 생겼어요. 아침이면 오늘 하루도 음식과 살 사이에서 고민하고 다투어야 하나, 이렇게 평생 살게 되는 건 아닐까 걱정하게 돼요. 사소한 것에도 예민해지고 제가 못난 것 같고 저에 대한 비하가 심해졌어요. 공부하고 싶어 학교에 가고 싶지만 하루 종일 눈앞에 지나다니는 마른 여자들과 제 몸을 비교하는 게 괴로워 학교에 가기 두렵고 싫어요. 전에는 사교적인 성격으로 만남을 좋아했지만 이젠 먹는 것에 예민해져서 식사모임을 피하게 돼요. 저 때문에 가족이 다 힘들어졌어요. 특히 엄마가 언제까지 제가 살 얘기를 하며 걱정하는 것을 지금처럼 다 받아 주실지 걱정이에요. 연애도 자신이 없어서 저 스스로 등을 돌려 버리는 경우가 많아요. 마음이 편하지 않아요. 잠들기 전이면 내일 아침 눈을 떴을 때 또 똑같은 생각과 행동으로 힘들어할 것이란 생각에 우울해져요. 간혹 울컥하는 마음이 들어 죽고 싶은 생각이 들면 온몸이 부르르 떨리기도 해요.

이 여성의 경우에서 보듯이 섭식장애의 특징으로는 다음과 같은 것이 있다.

(1) 낮은 자존감
자신에 대해 스스로 낮게 평가한다.

- 저는 행복해질 수 없는 사람으로 살아왔어요. 아무리 노력해도 인정받은 적이 없었어요. 이젠 남들이 칭찬을 해도 믿을 수가 없어요.
- 저는 다른 사람이 조금이라도 저를 싫어한다는 느낌이 들면 제가 세상에서 가장 무능력하고 필요 없는 외로운 존재라는 생각이 들어 슬퍼져요.
- 제가 희생하지 않으면 버림받을 것이라는 압박감에 시달려요.

(2) 완벽 추구

노력했지만 완벽한 결과를 얻지 못하면 스스로를 비난하며 자신을 벌주는 의미로 굶거나, 음식을 먹어 치운 후 구토한다.

- 빈틈을 보이고 실수를 하게 되면 사람들이 나를 싫어하게 될 것 같아요. 실수하게 되면 바보처럼 보여 왕따가 될 것 같아요.
- 마음속 허전함을 채우기 위해 먹을 것에 집착했어요. 그러나 먹고 나면 살찔 것이라는 두려움으로 구토를 했죠. 그때는 순간적인 쾌감도 느끼죠. 이러한 행동은 저에게는 스트레스 해소 역할인 동시에 또 다른 스트레스였어요.

(3) 완벽한 자기 통제욕구

자신의 신체적·감정적 측면을 자신이 전적으로 조절하려 한다.

- 저는 완벽하기 위해 항상 필사적으로 뭔가를 해야만 했어요. 그렇지 않으면 남들에게 무시를 당하거나 패배할 것 같았으니까요. 그랬는데도 실패했다고 느끼면 완전히 자신감을 잃고 미진한 부분에 대해 끊임없이 자책하게 돼요.
- 제가 정해 놓은 범위를 벗어나면 견딜 수 없이 불안해요. 그 외 다른 일이나 생각은 엄두조차 못 내죠.

(4) 강박증

음식과 체형에 대한 몰두가 지나쳐서 다른 생각이 자리할 곳이 없게 된다.

- 하루 종일 음식과 칼로리 계산, 체중에 대한 생각으로 머릿속이 꽉 차 있어요. 매일을 그렇게 지내니 하루가 너무 피곤해요. 이런 생각 없이 좀 편해질 수 있었으면 좋겠어요.
- 얼굴을 만져서 부었는지 안 부었는지 확인하고, 얼굴이 부었다고 느껴지면 잠은 앉아서 자야 하나 누워서 자야 하나, 운동을 해야 하나 안 해도 되나 등 머릿속에서 고민이 떠나지 않아요. 언제까지 이런 고민을 해야 하나요? 뭐가 문제인지 모르겠어요.

(5) 회피

사회 활동이 크게 위축된다. 특히 식사하는 자리가 신경이 쓰여 모임이나 사람을 피하게 된다. 결국 거식증 환자는 점점 고립된다.

- 섭식장애에 걸린 후로는 사람들과 어울리는 게 어려워졌어요. 외톨이가 되어 혼자서 고군분투했지요.
- 섭식장애에 걸린 후로는 다른 사람이 저와 친해지려고 접근하면 꺼려지고 두려워요. 사람들과 함께하는 자리를 피하게 되고 상대방이 식사하자고 할까 봐 겁이 나요.
- 거식증이 있기 전의 나는 이렇게 위축되지 않았어요. 활발하고 다른 사람을 재미있게 하고 리더십도 있었어요. 그러나 지금의 나에게 그런 면은 어디에도

없어요.

(6) 우울

거식증 환자는 흔히 우울감을 동반하고 있다. 거식증은 모든 정신질환 중에서 사망률이 가장 높은 질환인데, 그 주요 원인의 하나는 자살이다.

- 아무런 의욕이 없고 살아갈 희망이 없어요. 저 때문에 가까운 소중한 사람들에게 큰 상처를 주고 있어요. 그래서 죄책감에 시달릴 때면 '나만 죽으면 다 해결될 거야'라는 생각이 자주 들어요.
- 저는 우리 가족을 부끄럽게 만들고 있고 화목하고 행복했던 가정을 망가뜨렸어요. 저는 우리 집에서 없어져야 할 존재예요.

(7) 집중력 저하

굶어서 생기는 결과이기도 하지만 모든 생각이 음식에 쏠려 있어 다른 일에 집중하는 것이 어렵다.

- 수업시간에 집중이 안 돼요. 특히 음식을 먹은 후에는 걷거나 움직여야 한다는 생각으로 불안해져서 1시간도 채 앉아 있기가 힘들어요. 좋았던 성적이 엉망이에요.
- 그동안 다닌 직장을 결국 그만두었어요. 실수가 잦고 주어진 시간에 업무를 끝

낼 수가 없었어요. 제가 너무 한심하고 무능하게 느껴져요.

5) 섭식장애는 얼마나 흔한 병인가

대중매체에서는 주로 거식증이 사람들의 관심을 끄는 주제로 등장하지만 실제로는 폭식증이 더 흔하게 발생한다. 15~40세 여성 중 적어도 3~5%가 폭식증을 겪고 있으며 소녀의 약 1%가 거식증을 앓는다 (Hudson, Hiripi, Pope, & Kessler, 2007). 가벼운 섭식장애 경향을 보이는 경우는 미국의 경우 9~14세 소녀의 43.5%, 소년의 34%에 이른다 (Ackard, Fulkerson, & Neumark-Sztainer, 2007). 거식증 환자 중 10%는 남성이다.

2. 거식증과 폭식증

1) 거식증과 폭식증의 관계

역사적으로 보자면 거식증은 수백 년 전부터 인식해 온 질환인 반면, 폭식증은 1979년에 이르러 비로소 병으로 인식하기 시작한 질환이다. 이 두 질환은 마치 동전의 양면과 같다. 즉, 두 질환 모두 다이어트에서 시작하지만 거식증은 지속적이고 극단적인 체중감량으로 진행된다. 반면 폭식증은 배고픔을 느낄 때 우선 폭식 형태로 반응한 후 이로 인한 체중증가를 피하고자 일부러 구토를 하거나, 하제와 이뇨제를 복용하거나, 과도한 운동 혹은 굶기 등의 행위를 취한다. 이런 측면에서 폭식증을 준기아 상태인 거식증을 추구하다가 실패한 경우로 보는 관점도 있다. 하지만 개인에 따라서는 폭식과 거식 양상을 동시에 보이기도 하고, 병의 진행에 따라 폭식증과 거식증을 넘나드는 경우도 종종 있다. 폭식증 환자의 약 50%가 과거에 거식증이 있었다는 점에 비춰 봐도 이 둘은 매우 연관이 깊은 질환이다.

한편, 대부분의 경우 폭식증은 기분이 좋지 않을 때나, 과거에 폭식 구토 행위를 유발했던 경우와 비슷한 상황이 되면 마치 방아쇠를 당기듯 증상이 유발된다. 이때 공복감이나 허기가 이러한 행위를 촉발하는 매개가 된다. 대식증이란 수년 전부터 정의된 병으로 만성적인 폭식행동은 있으나 정기적으로 구토를 하거나 굶기 등의 보상행동 양상은 보이지 않는다는 점이 특징이다.

2) 거식증이란 어떤 병인가

거식증은 일생 중 영양이 가장 많이 필요한 시기에 있는 청소년이나 젊은 여성에게서 주로 나타난다. 거식증 환자의 체형은 외견상 현저히 말라 있으며, 건강을 유지하는 데 필요한 적절한 체중을 유지하는 것을 매우 어려워한다. 거식증 환자는 여성이 훨씬 많은데, 그들은 현저하게 저체중임에도 체중이 증가할까 봐 매우 두려워하며, 강박적으로 운동을 하고, 식사를 제한하며, 일부러 구토를 하거나 살 빼는 약(이뇨제, 변비약 등)을 먹는다. 자신이 심각한 저체중 상태임을 인정하지 않으며, 점차 삶의 유일한 대처 방식으로 저체중에 집착한다.

거식증에는 두 가지 유형이 있는데, 하나는 무조건 음식을 먹지 않고 운동량을 늘려 저체중을 유지하는 유형이고, 다른 하나는 폭식 후 구토 혹은 하제 복용 등의 보상행동을 통해 저체중을 유지하는 유형이다. 정신의학 교과서에 나온 거식증(의학 용어로는 신경성 식욕부진증)의 진단 기준은 다음과 같은데, 이때 명심해야 할 것은 다음 진단 기준 중 한 가지 증상을 충족하지 않더라도 신경성 식욕부진증일 수 있다는 것이다.

신경성 식욕부진증의 진단 기준

① 나이, 키에 비추어 현저한 저체중을 초래할 정도의 열량제한. 현저한 저체중이라 함은 최소한의 정상체중에 미치지 못함, 혹은 청소년의 경우 최소한의 기대성장에 미치지 못함을 의미함

② 저체중임에도 체중증가와 체중회복에 대한 극심한 공포를 가짐

③ 자신의 체중 및 체형에 대한 생각과 느낌이 왜곡되어 있고, 자기평가에 체중과 체형이 지나치게 영향을 미치며, 저체중의 심각성을 부정함

출처: American Psychiatric Association. (2013).

거식증에서 나타나는 증상을 살펴보면 성인의 경우에는 체중감소가 가장 뚜렷한 신체변화지만, 성장 중인 청소년과 아동의 경우라면 성장 연령에 따른 체중 증가나 유지가 이루어지지 않는 것도 이 병의 증상으로 볼 수 있다. 또한 변비와 복통, 어지럼 혹은 기절, 신체(위장, 얼굴, 발목 등) 부종, 전신에 솜털이 나는 등의 신체 증상도 보인다. 회복 단계에서는 탈모가 자주 발생한다. 신체상 특징으로는 혈액순환이 원활하지 않고 손발이 차며, 피부가 건조하고 창백한 것 등이 있다. 여성은 생리 불규칙, 남성은 성욕감퇴를 동반한다. 남녀 모두 골밀도가 감소하며 그로 인해 골다공증이 생긴다.

거식증 환자는 식사할 때 어떤 의례적이고 반복적인 행동을 하는 경우가 흔한데, 예를 들면 먹기 전에 음식을 잘게 나누어 놓거나 음식을 자신이 정한 횟수만큼 세어 가며 씹는 등의 행동을 고집하는 것이다. 또한 체중이 극히 낮은데도 뚱뚱하다고 느끼고, 움직임이 많은 편이다. 항상 초조하고 안절부절못하며 크고 헐렁한 옷을 입는 경향이 있고, 비밀스러운 행동을 하거나 구토 또는 하제 복용을 하기도 한다. 그러나 환자는 거식증임을 명백히 보여 주는 이러한 병적 행동을 인식하지 못하고 자신의 체중이 정상 체중에 현저히 미치지 못함을 부정하는 경우가 많다. 거식증 환자는 때로 체중 측정 전에 주머니에 물건을 넣거나 물을 많이 마시는 등의 방법을 이용해 체중을 속이기도 한다.

3) 거식증으로 살아간다는 건 어떤 느낌인가

거식증은 환자를 신체적, 정신적, 감정적으로 변화시킨다. 거식증 환자는 생각이 왜곡되고 경직되어 있으며, 삶을 무가치하게 여긴다. 이러한 변화는 섭식에 관련한 측면뿐 아니라 인간관계, 가족생활, 일, 여가 활동 등 환자의 삶의 전반에 영향을 미친다. 거식증을 겪은 환자는 후에 자신의 거식증 상태를 다음과 같이 돌아봤다.

- 거식증은 내 행복을 갉아먹는 악마예요. 좋아하는 음악을 할 수 없게 하고 사랑하는 가족과의 관계도 엉망으로 만들었어요. 무엇보다 내 몸을 죽어 가게 만들었어요. 그때는 거식증이 제 몸에 너무도 강하게 들러붙어 있었어요.
- 마음껏 먹으면서도 내가 원하는 날씬한 몸매를 가지고 싶었어요. 그런 방법은 어디에도 없었어요. 그게 잘못된 거라는 걸 느꼈지만 당시에는 그만둘 수 없었어요.
- 자신감, 만족감, 보람을 느꼈어요. 특히 자신감이 폭발적으로 증가했고 나 스스로 만족하고 행복하며 신이 난 마법이었어요. 거식증은 가장 좋은 친구이자 가장 나쁜 적이었죠. 내가 유일하게 마음대로 조절할 수 있는 것이었지만 시간이 지날수록 전혀 조절할 수 없게 되고 말았어요.
- 거식증은 보이지 않는 연기처럼 내 몸에 스며들어 온 것 같은데 이제는 내 일부라는 느낌이에요. 떨어져 나가기를 원하지만 세월이 흘러도 지니고 살아가는 부분도 있을 것 같아요.

　　거식증 환자에게 있어 삶의 모든 필요와 갈망은 먹는 것에 집중해 극명하게 양분되어 표현되곤 하는데, 바로 '먹는 것'과 '먹지 않는 것' 두 가지로 표현된다.

4) 거식증은 다이어트의 심한 현상인가

　　거식증이나 폭식증의 시작이 다이어트와 관련한 경우가 많지만 두 질환 모두 단순한 다이어트와는 현저히 다르다. 인간이 식욕이나 허기를 느끼는 데는 신체적, 정신심리적, 사회적으로 다양한 요소가 복합적으로 작용한다. 스트레스나 다른 신체질환도 이러한 섬세한 복합작용을 일시적으로 교란하여 식욕감소나 식욕증대 같은 변화를 초래하지만 이러한 식욕 변화는 일반적으로 곧 회복된다. 마찬가지로 체중감소를 위한 한시적인 식사조절은 자연스러운 것이다.

　　하지만 어떤 사람에게는 음식과 식사가 허기나 식욕과 무관한 다른 차원의 의미를 가진다. 이 경우에는 식사를 하거나, 혹은 하지 않는 행동이 자신이 벗어나고 싶어 하던 생각이나 감정을 해소하는 수단이 된다. 이 경우 신체 내의 복합작용은 장기적으로 교란을 일으켜 식욕에 큰 변화를 줄 수 있다. 한편, 개개인의 타고난 특성도 섭식장애의 발병과 진행에 중요한 영향을 미친다. 섭식장애는 환자의 삶 전반에 영향을 미칠 뿐 아니라 환자 가족의 생활에도 상당한 영향을 미친다.

5) 거식증은 성장과정에서 나타나는 일시적 현상인가

성장과정에서 일시적으로 거식증이 나타났다가 자라면서 저절로 사라지는 경우는 극히 드물다. 거식증 환자 대부분은 체중감소와 이로 인한 심각한 신체적·정신적 영향을 부인한다. 정상 체중으로 회복하는 것을 두려워하고 치료받기를 거부한다. 그러나 치료받지 않고 지낸 다면 한없이 병에 빠져들게 되고, 심한 경우 죽음에 이를 수 있다. 거식증의 치사율은 10~20%에 달할 정도로 매우 높다.

6) 남성도 섭식장애에 걸리나

거식증 단독으로 볼 때 남녀 비는 1:10 정도이나 거식증, 폭식증, 대식증을 포괄한 광범위한 연구결과에 따르면 섭식장애 전반의 남녀 비는 1:2~1:3 정도로 알려져 있다. 어린 연령층에서는 남자 아동이 거식증에 걸리는 경우도 많다(남자 아동:여자 아동=1:3 / 남자 청소년:여자 청소년=1:10).

거식증인 남자 청소년은 대개 식사 조절보다는 운동을 과도하게 한다. 남자 거식증 환자의 경우 근육질의 마른 몸매를 추구하는 경우가 많다. 많은 경우 남성은 환자가 진단을 피하거나 의사가 진단을 놓치는 경우가 흔하다. 남성의 섭식장애는 흔히 어떤 목표를 가지고 다이어트를 시작했다가 발병한 경우가 많다. 다이어트의 가장 흔한 이유로는 운동능력을 향상하려는 경우, 유소년기에 비만했던 경우, 가족 특히 아버지가 가진 비만 관련 성인병을 피하려는 경우, 동성애자로서 관계를 개선하고자(상대에게 호감을 얻고자) 하는 경우 등이다. 남성 거식증 환자의 18~20%는 동성애 성향을 보이며, 많은 남성 거식증 환자가 자신이 동성애자로 취급될까 봐 혹은 여성적이라고 인식될까 봐 두려워한다. 거식증은 여성에서는 자아동조적인 경향이 있으나 남성에서는 자아이질적인 경향이 있다.

7) 폭식증은 어떤 병인가

폭식증 환자는 많은 양의 음식을 한꺼번에 먹는다. 그리고 나서 폭식으로 인한 체중증가를 피하기 위해 구토를 하거나 변비(관장)약 복용 또는 절식이나 과도한 운동을 반복한다. 폭식의 형태는 다양하지만 대체로 보통 사람이 한 번에 먹는 양보다 훨씬 많은 음식을 한꺼번에 먹는다. 폭식 상황은 스스로 조절할 수 없다는 느낌과 함께 매우 충동적으로 순식간에 행해진다. 폭식증 환자는 대개 음식과 관련한 자신의 행동을 수치스럽게 여겨 숨긴다. 그래서 폭식증 환자와 함께 사는 가족이나 배우자의 경우 함께 살면서도 수년 이상 이러한 상태를 알아채지 못하기도 한다. 폭식증 환자도 거식증 환자처럼 체중증가에 대한 두려움을 느끼거나 자신이 실제보다 살쪘다고 여기는 등 신체상이 왜곡되어 있다. 폭식증 환자의 체중은 정상 범위 안에 있는 경우가 많다.

폭식증 환자는 대개 빠른 속도로 많은 양을 먹으며, 음식이 동나거나 배가 불러 신체적 불편감이 극심해질 때에야 먹기를 그만둔다. 거식증과 폭식증은 공통점이 있다. 살이 찌는 것에 대해 지나치게 불안해하는 것, 혹독한 다이어트를 하는 것, 체중과 체형에 가치를 지나치게 부여하여 이에 자존감이 좌우되는 것 등이다. 이들 섭식장애 환자는 의사와의 면담에서도 피상적인 이야기만 늘어놓거나, 폭식증 병리가 밝혀지기 전까지는 자신의 병을 감추기 일쑤다.

8) 폭식증으로 살아간다는 건 어떤 느낌인가

신경성 폭식증 환자는 자신이 섭식장애라는 것을 안다. 체중은 정상이거나 정상을 약간 넘는 경우가 많고, 또 다이어트 후에 섭식장애가 오는 경우도 종종 있다. 폭식증의 전형적 특징은 자신감 저하 및 사회활동 위축, 체형과 체중에 대한 지나친 중시, '전부 아니면 전무' 식의 극단적인 사고방식과 행동 등이다. 자신의 폭식 및 구토 행위에 대해 수치스럽고 부끄럽게 여기며, 이런 것을 들키지 않으려고 옆에서 보기에는 잘 이해가 되지 않는 행동(예, 식사 후 갑자기 사라지는 등)을 하기도 한다.

신경성 폭식증은 두 가지 유형, 즉 폭식에 따른 체중증가에 대한 보상으로 구토를 유발하거나 하제 및 이뇨제를 사용하는 유형과 굶거나 과도한 운동을 하는 유형으로 나눌 수 있다. 미국정신의학회(American Psychiatric Association: APA)에서 정의한 신경성 폭식증의 진단기준은 다음과 같다.

신경성 폭식증의 진단 기준

① 반복적인 폭식

  – 단시간 내 많은 양의 음식 섭취

  – 먹는 동안에는 스스로 절제하거나 조절하지 못함

② 체중증가를 막기 위한 부적절한 보상행동의 반복: 구토 · 하제 · 이뇨제 등의 사용, 굶기, 과도한 운동

③ 3개월간 적어도 주 1회 폭식과 보상행동 발생

④ 자기평가에 있어 체형과 체중에 지나친 비중을 둠

⑤ 신경성 식욕부진증(즉, 거식증)과 동시에 나타나지는 않음

출처: American Psychiatric Association. (2013).

폭식증 환자는 체중 변화가 심하다. 식사 후 구토하고자 종종 화장실로 사라지며, 구토로 인해 치아가 상하고 쉰 목소리를 내는 경우도 있다. 침샘이 부어 턱 선이 둥그레지고 피부가 좋지 않으며 생리가 불규칙하고 늘 피곤한 경우가 많다. 기분이 저조하며, 자신의 체중과 체형에 대해 불만족스러워하고, 먹는 동안에는 스스로를 조절하지 못한다. 또한 이뇨제를 사용하기도 한다. 어느 폭식증 환자는 자신의 병에

관하여 다음과 같이 표현하였다.

- 폭식과 구토를 반복할 때는 아무것도 하기 싫어요. 좌절과 우울에 휩싸이지요. 기운이 없고 티끌만큼도 삶의 의욕이 없어요. 아침부터 폭식에 대한 욕구가 올라오면 아르바이트나 학교도 가지 못해요. 그 상황에서는 내가 무엇을 해야 옳은 것인지 판단력도 없어져요. 저에게 이 병은 내 안에 있는 오래된 상처를 감싸고 있는 단단한 딱지 같아요.
- 폭식은 가족과 단절된 느낌이나 외로움을 잊게 해 주는 즐거움의 수단이었죠. 어렵게 자라온 나의 어린 시절의 힘든 일상에 대해 스스로 할 수 있는 유일한 보상이었어요.
- 폭식은 힘들 때 그 즉시 나를 위로해 줄 수 있는 방법이자, 나 자신이 마음에 들지 않을 때 내 몸을 아프게 하는 방법이었어요. 또 나 자신을 비하해야 했을 때 사용할 수 있는 스스로를 달랠 수단이었어요.

9) 거식증과 폭식증의 특징은 무엇인가

말랐다는 사실에 대한 부정, 즉 병에 대한 부정은 거식증의 특징이다. 의학적으로 건강을 상하게 할 정도로 과도한 체중감소를 추구하는 사람에게는 살이 찔까 봐 두려워하는 것인지, 더 마르려고 하는 것인지에 대해 주위 사람이 주의를 기울이며 반드시 조언을 해야 한다. 거식증 환자는 무월경이나 생리불순 때문에 산부인과를 찾거나, 소화장

애로 인해 소화기내과를 찾거나, 갑상선 기능항진증 유사 증상으로 내
분비내과를 찾거나, 뇌의 이상을 의심하여 신경과를 찾기도 한다. 거
식증이나 폭식증 같은 섭식장애는 다른 정신질환을 동반한 경우가 흔
하다. 이럴 경우 섭식장애를 치료함으로써 동반질환이 좋아지는 경우
도 있고 드러난 동반질환을 별도로 치료해야 하는 경우도 있다.

성격적 취약성도 섭식장애와 관련이 있다. 거식증의 경우 예민하고,
완벽주의적이고, 자기비난적인 성격을 주로 보인다. 반면 폭식구토형
거식증이나 폭식증의 경우 충동적이고 극적인 성격인 경우가 많으며
기분이 불안정하다. 거식증 환자는 병을 자랑스러워하고 폭식증 환자
는 병을 수치스러워하는 경향이 있다.

섭식장애 특히 거식증은 유전적인 원인이 50% 이상을 차지하는 것
으로 알려져 있다.

거식증을 의심해야 하는 경우

- 청소년기에 이유 없는 체중감소 혹은 성장부진을 보이는 경우
- 이유 없이 무월경인 경우
- 지나친 다이어트의 고위험군 직업을 가진 경우(연예인, 무용가, 운동선수 등)
- 명백하게 말랐는데도 살을 더 빼야 한다고 하는 경우
- 지나칠 정도로 자주 거울을 보며 몸매를 확인하거나, 체중계에 자주 올라가
  는 경우
- 살 빼는 데 대한 언급이나 행동을 필요 이상으로 하고 마른 사람과 비교하

는 경우

- 갑상선자극호르몬 상승, 갑상선호르몬 저하, 성선자극호르몬 저하, 추위에 대한 저항력 약화, 이유 없는 탈모 증가, 몸의 솜털 증가 등이 생긴 경우
- 카로틴혈증을 보이는 경우

폭식증 혹은 폭식구토형 거식증을 의심해야 하는 경우

- 이유 없이 저칼륨혈증인 경우
- 일부러 구토하거나 하제를 사용하는 경우
- 턱 선이나 이하선의 부종이 생긴 경우
- 치아 에나멜질이 부식한 경우
- 위식도 역류가 발생한 경우
- 다이어트와 요요 현상이 반복하는 경우

3. 발병과 진행

1) 섭식장애는 어떻게 생기게 되나

통상 만 8~12세(초 2~중 1) 무렵 체중에 대한 집착을 보이면서부터

섭식장애의 조짐이 나타난다. 이는 후에 점차 날씬함에 지나친 가치를 두고 살찌는 것을 두려워하는 양상으로 진행된다. 또 날씬함을 이상화하여 바비 인형처럼 배가 들어가고 엉덩이도 작은 비현실적인 체형을 추구하기도 한다. 그 후 사춘기가 되어 신체 변화를 겪기 시작하면 체중감량 혹은 다이어트 행동을 보이게 된다. 이전 어린 시절에 습득한 저체중에 대한 가치와 태도가 이 시기에 다이어트 행동을 하는 추진력이 된다. 때로는 이 무렵에 듣는 결정적인 말 한마디—예를 들어, 친구, 연인, 가족 등에게서 뚱뚱하다는 말이나 살 좀 빼라는 말을 듣는 것 등—가 환자의 다이어트에 대한 집착에 방아쇠를 당기는 역할을 한다. 연구에 따르면 초등학생인 10~11세 아동의 40% 가까이가 뚱뚱해질까 봐 걱정한다. 전문가라는 명칭을 앞세운 선동적인 사람들 혹은 이들을 이용하는 상업적인 매스컴에서는 실제 어떤 아동이 비만인지, 정상체중 범위를 조금 넘긴 정도인지 등의 핵심은 피한 채, 비만에 대한 자극적인 경고와 불안을 조장하는 과장된 자료를 내세워 성장기 아동에게 막연한 불안감을 높인다.

　일단 다이어트를 시작하면 그 결과는 다양하다. 만성적인 다이어트의 결과로 비록 병의 엄격한 진단 기준에는 맞지 않지만 준섭식장애에 해당하는 양상을 보이는 경우가 흔하다. 거식증은 음식을 엄격하게 제한하는 것으로 시작하는 경우가 많지만 점차 폭식/구토 행동을 동반하는 형태로 진행하기도 한다. 폭식증은 대부분 다이어트로 인한 배고픔을 이기지 못하는 것에서 촉발하며 살이 찔 것 같은 두려움에 구토를 하거나 하제를 복용하는 등 다양한 칼로리 제거행동을 한다. 처음에는 체중감소를 위해 이런 행동을 하지만, 반복하다 보면 폭식이나 구토 등의 행동이 우울, 불안, 초조감, 분노와 같은 불쾌한 감정이나 한계에 부딪힌 것 같은 막막함, 지루함 등을 해소하는 수단이 된다. 중요한 점은 이러한 악순환에 뇌와 신체가 적응하면서 섭식장애가 만성화되고 고착된다는 것이다. 섭식장애가 고착된 환자일수록 굶는 것이나 폭식/구토가 없는 삶을 기대하기는 어려워진다. 회복 중에 있는 한 여성은 자신의 섭식장애의 시작을 이렇게 표현했다.

• 다이어트로 인한 허기를 채우기 위해 먹을 것에 집착하게 되고 살찔 거라는 두려움을 이기지 못해 구토를 반복하게 되었어요. 이제 이 지겨운 반복의 고리를 끊고 싶지만 습관이 되어 버렸어요.

2) 섭식장애의 원인은 무엇인가

섭식장애는 한 가지 이유로 생기는 것이 아닌 복합적인 병이다. 심리적, 대인관계적, 사회-문화적, 생물적 요인 등 모든 것이 병의 원인이 될 수 있다.

(1) 심리적 요인
자신감 부족은 섭식장애를 초래하는 가장 큰 위험요인이다. 완벽주의 성향, 자신에 대한 엄격함도 위험요인이다. 우울, 불안, 분노, 공허함, 외로움 등도 원인이 된다. 또한 인생이 자신의 통제를 벗어났다는 막막함이나, 자신이 처한 환경에 잘 적응하지 못한다는 불안감 등도 위험 요인이다.

- 제가 초등학교 때 부모님이 이혼하셨어요. 저는 아무런 이유도 모른 채 홀로 버려졌다는 느낌을 받았어요. 너무 화가 나고 속상했지만 먹지 않는 것 외에는 제가 할 수 있는 게 아무것도 없었어요.

- 저는 의사소통하는 능력이 부족했어요. 힘든 것, 걱정, 두려움 등을 잘 표현할 수 없었어요. 그럴 때 굶으면 마음이 편해졌어요.

- 어렸을 때 부모님에게 맞으면서 버림받았다는 느낌이 들었고, 학교 친구들에게서 왕따를 당하면서 받은 비난과 외로움은 나를 계속해서 움츠러들게 했어요. 나 스스로 자신감을 찾을 수 없어 생각해 낸 게 다이어트였지요. 그것이 내가 자신감을 얻는 유일한 분출구였어요.

- 부모님에게 인정받고 싶었지만 저는 단 한 번도 잘한다는 칭찬을 받지 못했어요. '공부 잘한다고 다른 걸 못해서는 안 된다'는 말을 들었을 뿐이죠. 얼마나 더 잘해야 인정받을 수 있을지 늘 긴장하고 노력해야 했어요. 가족을 사랑하지만 그들에게서 상처받는 게 두려워 가족과 만나는 것을 피하게 돼요. 저는 위안을 받고 싶었어요.

- 부모님은 저에게 너무 많은 기대를 하셨고 저는 온갖 뒷바라지를 다 하시는 부모님 기대에 부응하기 위해 죽어라 공부했어요. 그러나 대학에 와서 저랑 맞지

않는다는 것을 알게 되었고 공부가 점점 더 어려워졌어요. 시간이 지날수록 자신이 없어졌죠. 저는 부모님에게서 도망치고 싶었어요.

(2) 대인관계적 요인

감정을 적절히 표현하는 능력이 부족한 경우, 주변 사람과 사이가 좋지 못한 경우, 가족 내 불화가 있는 경우, 체중이나 체형과 관련해 놀림받은 경우, 성적 혹은 신체적으로 학대받은 기억이 있는 경우, 가족 중에 비만한 사람이 많거나 부모가 먹는 것과 체중에 지나치게 집착한 경우, 자녀의 성취에 과도한 기대를 보이는 경우 등 가족 내 요인도 발병의 한 요소가 된다.

- 사랑하던 남자친구와 헤어지고 난 후 외로움, 허전함을 채우기 위한 수단이었어요. 날씬하고 매력적인 몸을 갖는 것이 다른 사람의 관심을 받고 우월감을 느낄 수 있는 유일한 방법이라는 생각을 했었지요. 지금 생각해 보면 다 부질없는 짓이었어요.

- 부모님은 모두 훌륭하신 분이고 형제들도 모두 명문대를 나와 부모님을 자랑스럽게 했죠. 그리고 엄마는 끊임없이 언니와 저를 비교하면서 '날씬해야 한다, 옷 좀 예쁘게 입어라. 오늘 입은 옷은 좀 뚱뚱해 보인다.' 하며 잔소리를 하셨어요. 저는 외출할 때마다 엄마 눈치를 보고 제 자신이 너무 부족하다는 생각을 했었어요.

- 엄마는 자신이 가진 재능은 모두 다 버리고 남편과 자식의 성공에만 열성이었

지요. 여성다움이 없어지고 자신을 하찮은 존재로 평가절하하는 엄마를 보면서 닮고 싶지 않다고 생각했었는데 어느덧 제가 그런 엄마의 모습을 따라 하게 된 것 같아요.

(3) 사회-문화적 요인

마른 체형과 완벽한 몸매에 대한 문화적 압력은 또 다른 원인이다. 우리 사회는 체중조절이 자신감을 얻는 방법이고, 주위의 선망을 받는 수단이며, 자기 조절에 성공한 사람이라 느끼게 하는 분위기가 있다. 매스컴에서 조장하는 날씬함에 대한 가치관 주입이나 비만에 대한 자극적이고 불안감을 조장하는 과장된 자료는 아동과 청소년에게 체중 증가에 대한 불안을 조장한다. 이는 자아가 충분히 성숙하지 못한 청소년에게 만성적인 다이어트를 유발하는 결과를 초래한다.

- TV에서는 점차 마른 체형의 연예인이 스타로 자리 잡게 되었고, 저는 초등학교 2학년 무렵부터 그런 문화를 의식하기 시작했던 것 같아요. 제 체중은 정상 범위에 있었지만 그것에 만족할 수 없었어요.
- 고등학생 시절 지나가는 남학생들이 제 다리를 보고 굵다고 놀렸어요. 그때부터 저는 다른 사람 앞을 지나가기도 어렵고 그들의 시선이 두려워지기 시작했어요. 모든 체형의 기준이 다리 굵기가 돼 버렸어요. 치마도 입을 수가 없어요.
- 어렸을 때부터 TV를 보면서 연예인을 동경했어요. 그래서 유난히 외모와 다이어트에 관심이 많았고 공부나 다른 것에는 흥미가 없었어요. 지금까지 제 인생

은 다이어트에만 몰두한 삶이었지요.

• 저는 제 몸에 대한 타인의 시선이나 평가에 신경을 많이 쓰기 때문에 사회생활이
나 다른 사람을 만나는 약속이 너무 부담이 돼요. 어느 정도 스스로 만족한 모습
이라고 느껴야만 약속장소에 나가는 제가 참 많이 얽매여 있고 한심하다고 생각
돼요.

• 치료를 시작하면서 많이 편해지고 호전되고 있다고 생각하는데 대중매체는 계
속 제 생각과 다른 메시지를 전달해서 그때마다 힘들었어요.

• 저는 제 자신이 다른 모든 조건은 다 갖추었다고 생각했어요. 한 가지 몸매만
완벽하면 다른 사람에게 최고의 인정을 받을 거라 생각했어요.

(4) 생물적 요인

섭식장애 원인의 생물적 요인을 찾고자 전 세계적으로 많은 연구가
행해지고 있다. 거식증과 폭식증 발병 위험요인의 반 정도는 유전성으
로 알려져 있다. 섭식장애 환자 중 일부에게서 배고픔, 식욕, 소화 등
을 관장하는 뇌 신경전달물질의 불균형이 발견되었다. 이러한 불균형
이 실제 섭식장애와 어떻게 연관되는지는 현재 더 연구 중에 있다.

3) 어떤 사람이 섭식장애에 잘 걸리나

섭식장애는 연령이나 환경에 관계없이 누구라도 걸릴 수 있다. 그중
15~25세 여성이 가장 걸리기 쉬우며, 거식증의 경우 초등학교 1~2학

년 정도의 어린 나이에 시작하기도 한다. 거식증 환자는 대부분 왜 체중이 줄었는지 잘 모르겠다고 말하나, 가족은 환자가 거의 먹지 않는다고 보고한다. 섭식장애 환자는 자신은 날씬해지려는 것이 아니라 오히려 살이 좀 쪘으면 한다고 말하기도 한다. 하지만 이들의 말과 음식이나 식사에 대한 태도는 서로 일치하지 않는다. 이들은 이전에 가족의 상실 혹은 가족과의 분리 등 큰 스트레스를 경험한 경우가 많다.

거식증이 없을 것이라는 편견으로 인해 간과되는 집단은 남성과 나이 든 여성층이다. 거식증이 청소년이나 젊은 여성에게만 발병한다고 단정해서는 안 된다. 나이 든(30세 이상) 여성이 심한 우울증을 동반하여 체중감소를 초래하거나, 혹은 반대로 폭식을 보이는 경우도 종종 있다.

섭식장애에 취약한 경우

- 열등감이 많은 사람
- 삶을 살아가는 데 필요한 여러 기술이 부족한 사람
- 힘든 문제나 대인관계에 문제가 있을 때 이를 피하려고만 하는 사람
- 음식, 먹는 것, 체중이나 체형에 지나친 의미를 부여하는 환경에서 성장한 사람
- 어린 시절 부모의 과도한 통제 속에서 성장해 독립심을 기르지 못한 사람
- 자기 자신에 대한 생각이 발달하지 못한 사람
- 다른 사람에게 무조건 순응하도록 교육받은 사람
- 신체적, 성적으로 학대받은 기억이 있는 사람

4. 회복

1) 거식증은 왜 고치기 어려운가

거식증은 쉽게 습관화되는 병이며 일단 습관이 되면 털어내기가 매우 어렵다. 게다가 병의 특성상 거식증 환자는 회복에 대해 양가감정을 가진다. 거식증 상태로 있는 것을 더 편하게 느낄 수도 있고, 정상적으로 되는 것을 오히려 두려워할 수도 있다. 그런 마음이 드는 이유를 사회적·심리적·신체적 요인으로 나누어 설명하면 다음과 같다.

사회적으로 거식증에 걸린 사람을 다이어트에 성공한 사람 혹은 자기조절에 성공한 사람으로 취급하는 분위기가 한 원인이 된다. 이러한 사회적 인식은 환자에게 자랑스러움을 느끼게 하여 결국 무의식중에 이 병에 대한 집착을 강화한다.

심리적으로 거식증은 통상 스트레스 상황에서 비롯된다. 환자는 굶는 것을 통해 심리적·정서적 괴로움을 해결하려고 한다. 하지만 불행하게도 이러한 방법은 문제를 해결하기는커녕 회피하는 수단이 되고 만다. 한술 더 떠서 이러한 회피는 결국 다른 문제를 야기해서 악순환을 지속하게 한다. 특히 청소년기에 거식증을 앓게 되어 오랜 시간 뇌가 영양 부족 상태에 머물게 되면 청소년기에 필수적인 정서적·인지적 발달에 심각한 지장을 초래한다. 이는 결국 환자의 스트레스 대처

능력의 향상을 방해하고, 거식증적 행동을 유발하여 병의 악순환을 초래한다. 이러한 상황을 피하려면 스트레스를 야기하는 문제를 피하려 하지 말고 정신적인 노력과 시간을 들여서 맞닥뜨리도록 해야 한다.

　신체적으로 거식증을 자기조절에 대한 뇌 중독 현상으로 보기도 한다. 즉, 음식과 체중에 대한 조절과 통제의 성공이 스스로에 대한 만족감을 불러일으켜서 이를 계속해 나가려는 양상을 띠게 한다.

2) 섭식장애에서 완전히 회복되는 게 가능한가

　우리에게 치료받은 많은 환자가 섭식장애, 그리고 그로 인한 사회적·심리적·신체적 영향에서 완전히 회복되는 결과를 보였다. 그럼에도 섭식장애를 앓은 사람 중에서 음식, 식사, 체중이나 체형 등에 관한 비정상적인 태도를 완전히 떨쳐 버린 사람을 만나기는 어렵다. 이는 서구 문화의 음식, 체형 등에 대한 거식증적인 태도가 현대 사회의 건강, 매력 등에 대한 입장을 지배하고 있는 현실을 감안해 볼 때 그다지 놀랄 만한 일이 아니다. 회복 후 2~3년이 지난 후에도 특별한 스트레스나 갑작스러운 체중감소 등이 촉발 요인이 되어 섭식장애가 재발할 수 있다. 예를 들면, 출산 후 체중감소와 자녀양육에 대한 스트레스가 섭식장애의 재발요인이 될 수 있다. 그렇지만 일단 회복을 경험했다면 재발의 위험신호를 알 수 있는 경우가 많아 병이 더 악화되기 전에 멈출 수 있게 된다.

거식증은 당신이 스트레스 상황에 처할 때면 언제라도 아킬레스건이 될 수 있음을 기억해야 한다. 어떤 환자는 회복한 이후에도 일반인의 정량을 먹는 것이 어려운 경우도 있다. 섭식장애의 회복에 대해 회의를 보이는 환자의 질문에 우리는 다음과 같이 말한다.

- 어려운 질문이에요. 회복은 바로 당신 자신에서 비롯됩니다. 먼저 당신이 변화를 위해 준비해야 하고, 지금까지 갖고 있던 '섭식장애'의 어떤 부분을 버려야만 합니다. 회복은 그런 것을 조금씩 부수어 없애는 일입니다.
- 항상 자신이 어떤지를 의식하고 있어야 굳건히 좋은 상태를 유지할 수 있습니다. 그럼에도 스트레스 상황에서는 이전의 건강치 못했던 양상이 쉽게 재발하기도 합니다.

3) 섭식장애에서 회복되는 데는 얼마나 걸리나

많은 환자나 가족은 단지 몇 개월이면 섭식장애에서 회복될 것이라는 잘못된 생각을 갖고 있다. 일단 섭식장애에 걸리고 나면 회복되는 데는 수년이 걸린다. 거식증 환자는 5년이 지나면 그중 50%는 회복되고, 30%는 여전히 심한 상태이며, 20%는 저체중에 생리가 없는 상태로 남게 된다. 회복에 영향을 주는 대표적인 요소는 병이 심하거나, 병이 오랜 기간 지속된 경우 등이다. 섭식장애에서 회복된 사람은 흔히 그 회복의 경험을 여행, 즉 이전에 알고 있던 잘못된 방식을 건강한 대

처방식으로 바꾸어 나가는 긴 여정으로 묘사하곤 한다. 다음은 치료의
여정을 거친 후 회복된 환자가 묘사한 회복 과정이다.

- 먹는 것에 대한 불안이 가득했던 제가 치료를 받으면서 어느 순간부터는 그리
  불안하지 않았어요. 아무 생각 없이 식사를 할 수 있었고 배부른 편안함도 느끼
  기 시작했죠.
- 먹는 것 때문에 삶에서 항상 불안하고 긴장하였는데 먹기 시작하면서부터 오
  히려 편안해졌어요. 제 인생을 찾아가고 있다는 게 뿌듯해요. 병으로 힘들 때는
  이런 생각은 상상도 할 수 없었어요.
- 제가 상당히 빨리 회복하고 있어 스스로도 놀라워요. 지금은 받아들이기 어렵
  지만 얼마쯤 시간이 지나면 정상적인 삶으로 돌아가기 위해서는 정상 체중 범
  위까지 체중을 회복하는 게 필요하다고 저도 인정하게 되겠지요.
- 치료를 시작한 후 자신감이 커졌어요. 자기관리가 되고 집중력이 좋아졌어요.
  미에 대한 기준을 다시 생각하게 되고 내 몸을 소중히 여기게 되었어요. 가족과
  도 다시 화목해졌고요. 치료를 받으면서 알게 된 부분이 많아요.
- 치료과정을 통해 저의 문제점을 극복할 수 있는 방법을 알게 되었어요. 그렇지
  만 제 인생에 있어 섭식장애는 어느 정도 저의 일부라고 생각해요.
- 소극적이고 인간관계가 좁았던 제가 거식증 치료를 통해 대인관계가 좋아지고
  넓어졌어요. 길고 힘든 시간이었지만 새로운 것을 배웠어요.

병에서 회복하면서 치료 종결에 이른 어느 환자는 다음과 같이 말

하였다.

- 제가 자랑스러워요. 병이 나으면서 제가 할 수 있는 일이 늘어 가고, 다른 사람과 자연스럽게 어울리게 되고 즐거운 순간이 많아지는 게 행복해요. 병을 극복해 나가는 모든 과정이 앞으로 제 인생에 닥칠 많은 어려움에 대한 예방접종이었다고 생각해요. 더 힘든 상황에 의연하게 대처할 수 있는 내면의 힘을 길러 준 계기가 되었고 어떤 상황에서도 흔들리지 않는 힘을 가지게 해 주었어요.

4) 회복에 영향을 주는 요소

다음은 회복을 향해 한 걸음씩 나아가다 결국 섭식장애를 떨친 사람의 이야기로 어떤 것이 회복에 도움이 되는지를 알려 준다.

- 처음에는 내가 하는 행동이 병으로 인한 것이라는 생각조차 하지 못했어요. 병이라는 것을 알게 되면서부터 두려워지기 시작했죠. 전문적인 치료기관에 도움을 요청하게 되면서 회복의 첫 단추가 채워졌어요.
- 첫 단계는 제 문제, 그러니까 이 병을 인식하는 것이고, 두 번째 단계는 도움을 청하는 것이죠. 하지만 돌이켜보면 막상 그 상황에서 환자인 제게 문제가 있는 것인지, 도움이 필요한 상태인지 인식하기 어려운 혼란한 상태였기 때문에 쉽지 않은 일이었죠. 그 상황에서는 가족의 도움이 필요했어요.
- 섭식장애는 저만 알고 있는 비밀이었고 그래서 원치 않는 거짓말을 하게 됐어

치료의 목표

① 정상 체중의 회복: 체중 회복과 더불어 체중 조절점의 정상화를 포함함. 즉, 배고픔과 배부름의 주기를 제대로 회복하고, 생리 주기가 정상으로 돌아오는 것을 말함
② 정상적인 식사행동과 균형 잡힌 식단의 회복: 상황에 맞는 적절한 식사 및 사교적 식사가 가능하게 되는 것임
③ 체중, 체형, 음식에 대해 정상적 사고의 회복: 회복되더라도 체중에 완전히 무신경해지는 것은 불가능할 수 있음. 그러나 체중감량이나 체형에 대한 집착이 점차 줄어들게 하여 일상생활을 방해하거나 지배하지 않도록 해야 함

요. 죄책감을 느끼게 되고 매우 혼란스러웠죠. 가족은 이런 거짓말과 죄책감에서 저를 벗어나게 해 준 든든한 지원군이었죠.

• 치료가 진행되면서 제 머릿속에 안개가 걷히고 빛이 서서히 들어오는 기분이었어요. 주위 사람의 격려가 힘이 되었죠. 그러자 그간 보지 못했던 제 단점도 보게 되고 제 자신을 더 잘 알게 되었어요.

• 먹을 것과 체중에 집중했던 제 관심과 생각을 치료자와 함께 삶의 즐거움을 누리고 제 꿈을 찾는 쪽으로 바꾸어 나갔어요.

우리는 섭식장애치료에서 환자에게 다음을 기억하게 한다.

• 치료자와 가족과 함께 작은 목표를 정해서 달성해 나가는 것이 중요합니다. 좋

아지는 데는 시간이 걸립니다. 기적을 기대하지는 마세요. 당신에게 회복은 무엇을 의미하는지에 초점을 맞추세요.

거식증의 회복에 좋지 않은 영향을 미치는 요소는 다음과 같으며, 이에 해당할수록 회복이 어렵다.

구분	세부 내용
심한 정도	• 체중이 더 많이 빠지고 더 마른 경우 • 병을 앓은 기간이 오래된 경우 • 이전에 여러 치료에 대한 반응이 좋지 않은 경우
섭식장애에 취약한 소인	• 어린 시절부터 학교를 결석하거나 정서상 문제가 있는 경우 • 친구 사귀기가 어렵거나, 소심하고 부끄러움을 많이 타거나, 친구들과 어울리기보다는 외톨이인 경우 • 가정 내 불화문제가 있는 경우

5) 섭식장애에 필요한 치료

섭식장애에 적합한 전문 치료는 여러 분야가 협력하는 다각적 치료다. 이를 통해 환자의 섭식행동 변화와 정서적 어려움에 대한 치료를 병행해 나간다. 치료자가 기억할 중요한 것은 거식증 환자의 핵심 문제가 체중이나 음식이 아니라 정서적인 어려움임을 환자가 인식해 나가도록 돕는 것이다. 환자의 핵심 문제는 성장과정에서의 어려움, 감정조절의 어려움, 대인관계의 어려움 등이며, 환자에게 나이에 적합한 대처방안을 익히게 하는 것이 반드시 필요하다. 다음은 섭식장애에서 효과가 입증된 치료기법이다.

(1) 인지행동치료

인지행동치료(cognitive-behavioral therapy: CBT)는 신경성 폭식증에서 효과가 입증된, 비만과 대식증에서도 좋은 효과를 보이고 있는 치료기법이다.

섭식장애의 인지행동치료는 정해진 치료기간과 회기 내에 전반적인 교육과 인지행동치료 기술을 동시에 병행하는 구조화된 프로그램이다. 초반에는 치료에 동참을 이끌어 냄과 동시에 이상섭식행동, 체중, 열량 등을 다루어 건강한 식사 형태를 회복하는 데 주력한다. 중반에는 섭식장애를 지속하게 만드는 요소, 사고, 감정에 주력하는데 특히 왜곡된 사고, 신체상, 스트레스원을 다루고 문제 해결 능력을 키울 수 있도록 하며, 또 치료과정 및 변화된 부분을 평가하고 안정된 단계로 나아가도록 한다. 그리고 후반에는 악화나 재발을 최소화하고 현실적인 목표를 세워 건강한 활동을 유지하도록 한다. 이와 관련하여 실제 우리는 동기부여치료를 기반으로 하여 좀 더 확대된 인지행동치료 프로그램을 시행하고 있다.

(2) 약물치료

신경성 폭식증에서 여건상 인지행동치료를 하기 어려운 경우라면 일차적으로 약물치료(drug therapy)를 한다. 세로토닌계 약물은 폭식증상을 50%까지 줄일 수 있다. 하지만 약물을 중단하면 재발하거나 아예 약물에 반응이 없는 경우도 있다. 가장 좋은 방법은 인지행동치료만으로 충분한 개선이 없을 때 병합요법으로 약물을 사용하는 것이다.

(3) 가족치료

가족치료(family therapy)는 거식증의 치료에서 현재까지 유일하게 효과가 입증된 방법으로서 특히 청소년 환자의 치료에 효과가 탁월하다. 이는 부모(가족)가 환자를 가장 효과적으로 도와줄 수 있는 사람들이기 때문이다. 거식증에 대한 가족치료는 청소년 거식증의 가족치료 기법을 습득한 숙련된 치료자가 진행하여야 한다. 거식증 청소년 부모의 경우 서로 간에 어려움을 나누고 대응 방안에 대한 경험과 노하우를 나누는 것이 구체적인 힘이 될 뿐만 아니라 위안이 되기 때문에 여러 가족이 함께 참여하는 다가족 치료도 매우 효과적이다.

6) 어떤 치료자가 환자에게 가장 도움이 되는가

섭식장애의 치료는 장기간에 걸쳐 많은 인내와 이해심이 필요한 과정이다. 긴 치료 과정을 겪은 후에야 비로소 환자는 회복기에 들어선다. 다음은 환자들이 말하는 바람직한 치료자상이다.

- 저는 제 투정을 잘 들어주고 참아 주면서도, 저를 인정해 주는 분이 훌륭한 치료자라고 생각해요.
- 오랜 치료기간 동안 그분이 제공한 지지는 지금 제가 섭식장애에서 벗어날 수 있게 하는 결정적인 도움이 되었어요.
- 저는 참 운이 좋았어요. 제대로 된 치료기관을 찾았고 그곳에서 제 상태를 솔직하게 말하고 저를 존중해 주는 치료자를 만났으니까요. 그래서 처음부터 치료자에 대한 굳건한 신뢰를 갖고 치료를 해 나갈 수 있었지요.

환자와 가족을 도와줄 수 있는 올바른 치료자를 만나는 것이야말로 회복의 필수조건이다.

7) 섭식장애는 예방할 수 있는가

이 분야에 관해서는 아직 충분한 연구가 이루어지지 않았다. 몇몇 주요 연구 결과에 따르면, 섭식장애의 위험 인자를 미리 찾아 이러한 위험 요인을 줄이도록 조기 개입함으로써 섭식장애를 예방할 수 있다. 한국과 영국의 대표적인 섭식장애 치료기관의 연구 결과에 따르면, 어린 시절 쉽게 불안해하고 긴장하는 아이, 감정이 상했을 때 안 먹는 것으로 맞서는 아이, 성취와 완벽주의를 지향하는 가정에서 성장한 아이

일수록 나중에 거식증이 발병하기 쉬운 것으로 나타났다(Kim, Heo, Kang, Song, & Treasure, 2010). 섭식장애의 발병 신호를 초기에 발견하여 병이 더 진행하는 것을 막는 연구도 이루어져 왔다. 확실한 점은 섭식장애는 발병 초기에 치료할수록 효과가 좋다는 것이다.

섭식장애는 주로 청소년기나 성인기에 나타나지만, 그 생물적, 가정적, 사회적 씨앗은 훨씬 이전부터 움트기 시작한다. 현재의 의학으로는 유전적 소인을 바꾸는 것은 불가능하며, 외모나 체형에 집착하는 왜곡된 사회 가치관을 단번에 바꾸기도 어려워 섭식장애의 예방적 차원의 접근에는 어려움이 있다. 이에 비해 매스컴이나 광고에서 무차별적으로 주입하는 문구들을 비판적으로 평가할 수 있는 판단능력을 키워 나가는 한편, 자신만의 고유한 가치를 인식하고 인생에서 개인적 성취를 스스로 이루어 나가도록 장려하는 것은 섭식장애를 예방하는 데 도움이 된다. 부모와 학교는 아이에게 있는 그대로의 자신이 소중하고 존중받을 수 있는 존재라는 생각을 키워 주고 아이가 사회생활에 필요한 삶의 기술과 대처 방식을 개발해 나가게끔 도와야 한다. 또한 그들이 개인적 · 환경적인 현실의 한계를 수용할 수 있게 도움으로써 섭식장애가 생기는 것을 예방할 수 있다.

더 읽을거리

Treasure, J., & Alexander, J. (2013). *Anorexia nervosa recovery guide for sufferers: Families and friends* (2nd ed). London: Routledge.

Treasure, J., Claudino, A. M., & Zucker, N. (2010). Eating disorders. *Lancet, 375,* 583-593.

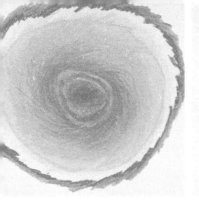

제 2 장

가족을 위하여

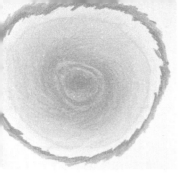

닫힌 마음
22세, 여성, 거식증
"지금 제 마음의 문은 꽁꽁 닫혔어요.
엄마에게 여전히 화가 나요."

1. 섭식장애 자녀를 돌본다는 것

1) 청소년기에 발병하는 섭식장애의 특징

청소년의 섭식장애는 성인의 섭식장애와는 특징이나 예후에서 차이가 있다. 섭식장애에 걸린 아이를 둔 부모가 성인 환자에 관한 글을 읽고 거식증이라는 병에 대해 절망하는 경우가 종종 있다. 그렇기 때문에 청소년기에 발병하는 섭식장애의 특징을 제대로 아는 것이 중요하다. 다음은 우리가 부모에게 하는 조언이다.

- 어린 시절에 발병한 경우에는 예후가 좋습니다.
- 병의 초기, 즉 3년 이내에 제대로 치료를 받게 되면 90％는 5년 내에 좋은 결과

를 보입니다.

- 입원치료로 정상 체중을 회복했다고 해서 완치된 것은 아닙니다.

- 입원치료 후 예후를 결정짓는 것은 입원치료를 통해 정상 체중을 회복함과 더불어 퇴원 후에 회복된 영양 상태를 유지할 수 있느냐 하는 것입니다.

- 키가 크지 않거나 생리가 중단되는 것처럼 굶어서 생긴 신체적 후유증은 체중이 증가하면 어느 정도 회복됩니다.

- 재발방지를 위해 무엇보다 중요한 치료의 핵심은 뇌의 식욕조절 기능을 정상화하는 것입니다.

- 거식증의 예후는 가까운 사람, 특히 부모와 가족이 어떻게 반응하고 대하느냐에 달려 있습니다.

- 거식증 환자의 곁에서 말없이 지속적으로 도와주는 것이, 공연히 죄책감을 느끼며 왜 환자가 그렇게 하는지에 대한 이유를 찾으려고 하는 것보다 더 도움이 됩니다.

- 거식증 환자가 변하려고 하지 않는 경우, 가족에게는 특별한 기술이 필요합니다. 왜 바뀌어야 하는지, 거식증 없이 사는 것의 장단점이 무엇인지 등에 대해 생각하도록 곁에서 부추기며 이끌어 나가야 합니다.

2) 자녀가 자신은 문제가 없으니 도움이 필요 없다고 한다면

이는 부모가 가장 많이 하는 질문이다. 섭식장애 자녀를 돌보는 것은 부모를 끊임없이 좌절하게 만들고 지치게 한다. 가족의 노력이 효과를 내는 경우도 있지만 무용지물로 성과 없이 끝나기도 한다. 하지만 지난 수십 년간의 연구 결과를 살펴보면 '가족이 환자를 효과적으로 지지해 주는 것'이야말로 섭식장애 청소년의 치료에 가장 좋은 방법이다. 이는 가족이 문제의 원인이 아니라 환자가 문제를 극복하는 데 가장 중요한 사람이기 때문이다. 병의 초기에 치료를 시작할수록 치료결과는 더 좋으며, 부모는 자녀가 병의 초기 단계에 있다면 더욱 적극적으로 도와줄 수 있다. 이 시점을 지나친 환자는 다음과 같이 말한다.

- 딱딱한 사각 틀에 갇힌 느낌으로 10년 이상을 지내 왔어요. 잃어버린 내 10년의 시간이 너무 아깝고 억울해요. 병에 걸렸다고 생각한 그 시점에 치료를 시작하고 가족의 도움을 받았더라면 지금쯤은 달라져 있을 텐데 하는 아쉬움이 너무나 커요.

섭식장애는 스스로 드러내길 꺼리기 때문에 상태가 악화될 때까지 주위에서 눈치채기 어렵다. 그래서 가족은 다음에 기술한 자녀의 섭식장애를 시사하는 변화에 주의를 기울여야 한다.

- 체중이 준 것 같다.
- 함께 식사하길 꺼린다.
- 쌀밥이나 고기를 피하고 야채나 과일만 먹으려 한다.
- 지나치게 많이 움직이고, 먼 거리도 무리해서 걸어 다닌다.

- 커피나 다이어트 콜라 등을 많이 마신다.
- 몰래 폭식을 하는 것 같다: 냉장고의 음식이 사라진다. 자녀 방에서 과자나 음식봉지 등이 발견된다.
- 몰래 토하는 것 같다: 화장실에 들어가면 토한 냄새나 흔적이 있다.
- 변비약 봉지가 가방이나 방에 있다.
- 화장실 사용에 변화가 있다: 화장실에 들어가 오래 있는다. 식사 후에는 화장실로 사라진다. 밤에도 서너 차례 화장실을 들락거린다.
- 기분이 변한다: 쉽게 울거나, 화를 내거나, 참을성이 없어진다.
- 사람들과 어울리는 것을 기피한다: 친구들과의 만남이나 가족 식사 등에 빠진다.

이상과 같은 섭식장애 증상이 의심된다면 가족 중 다른 사람과 상의한다. 정말 문제가 된다고 생각하면 조심스럽게 자녀에게 우려를 표현하며 진지하게 어려움을 들어 본다. 이때 화를 내며 자녀와 싸우게 되면 변화를 도모하기 어려우므로 주의한다. 섭식장애가 의심되고 자녀에게 도움이 필요하다 생각되면 섭식장애 전문가에게 도움을 요청한다.

3) 가족이 어떻게 하는 것이 환자에게 가장 도움이 되는가

가족, 배우자, 친구는 환자가 병을 극복하게 하려면 자신들이 어떻게 하는 것이 도움이 되는지 몰라 무력감에 빠지곤 한다. 우리는 가족에게 다음과 같이 조언한다.

- 병이 아니라 사람에게 이야기하세요. 사람은 없어지고 거식증만 있다고 느껴진다면 당신이 기억하는 그 사람이 돌아올 때까지 다시 시도하고, 그 사람을 보호하고, 그 사람에게 확신을 주고자 끊임없이 노력해 보세요.
- 환자가 거식증과 싸우겠다는 생각이 들게 도와주세요.
- 당신이 섭식장애에 관해 되도록 많이 아는 것이 좋습니다. 옳으냐 그르냐 하는 잣대를 가지고 환자를 판단하지 말고, 환자를 이해하도록 노력하세요.

2. 먹지 않으려는 환자를 돕기 위한 가족과 치료자의 협력 방법

1) 어떻게 먹일 것인가

거식증 자녀를 둔 부모에게 가장 큰 난관은 먹지 않으려는 아이를 어떻게 다루느냐 하는 것이다. 부모의 상태는 자녀를 먹이려는 시도의 성공 여부에 달려 있다. 이는 병의 기복에 기인하는 것이기 때문에 부모가 병에 대해 많이 그리고 정확히 알수록 부모와 자녀 간의 시행착오를 줄일 수 있다.

섭식장애 치료의 목표는 정상적인 식사의 회복이다. 즉, 에너지원으로서의 음식의 본분을 찾고 즐거움과 친밀함의 수단으로서 식사의 문화적 의미를 다시 느낄 수 있게 되는 것이다. 치료 초기에는 음식은 에

너지원이라는 데서 시작하지만 치료가 진행될수록—물론 여기까지 오는 데도 때로 수년 이상 걸리기도 한다—환자로 하여금 음식을 친구, 가족, 사회와의 연결 끈으로 인식하게 하는 것에 궁극적인 목적이 있다.

회복의 목표

다음 세 가지를 다시 배우기

① 몸이 원하는 만큼 충분히 먹기

② 다양한 음식을 상황에 맞추어 먹기

③ 삶의 큰 측면에서 식사의 의미를 이해하고 사교적으로 먹기

이상의 목표를 실천하기 위한 단계적 접근방법은 다음과 같다.

■ 치료원칙 1. 섭식과 섭식행동의 역할 인식

섭식은 협상 가능한 것이 아니다. 모든 생명체는 살기 위해 먹어야만 하며, 먹을지 말지는 타협할 수 있는 문제가 아니다.

생명체는 굶어 죽지 않기 위해 인체 내에 필사적인 대응체계를 운영한다. 그런데 섭식장애 중 특히 거식증에 걸리면 사소한 영양분, 때로는 수분조차도 거부하게 된다. 이는 결과적으로 삶의 핵심 요소를 파괴하고 만다. 먹는 그 자체는 타협 가능한 분야가 아니지만 음식을 언제, 어디서, 무엇을, 어떻게, 누구와 먹을지는 환자와 협의하여 조정할

수 있다.

발병 초기일수록, 또 체중 회복이 빠를수록 이 병에서 회복하는 것
도 빠르기 때문에 환자를 변화를 도모하기 위한 대화를 가능한 한 신
속하게 시도하는 것이 좋다. 병이 오래될수록 비정상적 식사 양상이
고착되어 섭식장애에서 벗어나기 어렵게 된다. 따라서 변화를 위한 대
화는 최우선 순위에 있어야 하며 최대한 신속히 진행한다.

■ 치료원칙 2. 당근과 채찍

인간은 대가가 주어지는 일을 하고자 하는 동기를 갖고 태어났다.
즉, 즐거움이나 좋은 일이 생기는 행동을 하고자 한다. 다시 말하면 대
가가 주어지지 않는 일, 하고 싶지 않은 일에서는 등을 돌린다. 행동의
대가와 동기라는 원칙이 거식증에서 어떻게 적용되는지는 풀기 어려
운 과제 중의 하나다. 먹지 않는 것이 어떻게 거식증 환자에게 대가가
되고 행동의 동기가 될까? 거식증 환자에게는 굶는 것이나 과도하게
운동을 하는 것이 기분을 좋게 만들고, 생동감을 주고, 기운을 북돋을
수 있다. 또한 거식증이 유발하는 이차적인 현상―예를 들면 주변 사
람에게서 관심을 얻고, 보호를 받고, 살이 빠졌다는 칭찬을 듣는 등―
은 환자에게 대가나 보상으로 작용하여 거식행동을 지속하게 한다.

섭식장애의 동기부여치료에서 환자로 하여금 거식증에게 편지를
써 보게 한다. 즉, '내 친구 거식증에게'라는 제목의 편지인데, 많은 거
식증 환자가 이러한 편지를 쓰면서 도움을 받는다. 환자가 언급한 거

식증의 대가는 다음과 같다.

- 거식증은 나를 편안하게 해 주고, 또 안심시켜 준다. 그리고 내가 나를 확실히 통제하고 있음을 느끼게 해 준다.
- 거식증은 내 마음이 지금 힘들고 어렵다는 것을 보여 줄 수 있는 방법이다.
- 거식증은 인정받고 싶고 칭찬받고 싶은 욕구를 채워 주고, 내가 주목받도록 해 준다. 나에게는 살아가는 희망, 의지, 열정을 부여하는 요소다.
- 몸무게가 줄거나 옷이 커진 것을 느끼면 기분이 좋고 안심이 된다. 거식증이 주는 안도감만큼 나를 편하게 해 주는 것은 없다.
- 폭식, 구토 후 쏙 들어간 복부나 거울 속의 마른 내 모습을 볼 때면 만족감을 얻어 안심이 된다.
- 거식증과 함께하는 것은 잘못이라 생각하면서도 그것이 만들어 내는 마법과 같은 일이 참 좋아 놓기가 싫다.
- 내가 치료되고 나면 내 나이에 맞는 일을 제대로 감당해야 하는 책임을 맡게 될까 봐 두렵고, 또 나에 대한 부모님의 관심이 사라질까 봐 두렵다.

당신의 자녀도 이런 생각을 하고 있을 수 있다. 이때 부모가 할 수 있는 것은 거식증 자녀가 편안함을 느끼며 안심하는 가운데 자기 스스로를 통제하고 있음을 느낄 수 있게 하는 것이다. 이렇게 하는 가장 좋은 방법은 부모가 조용하고, 일관되고, 애정과 사랑을 느낄 수 있는 분위기를 조성하는 것이다. 런던 킹스칼리지의 자넷 트레저(Janet Treasure)

교수에 따르면 거식증 치료에서 중요한 분위기는 3C, 즉 침착성(Calmness), 일관성(Consistency), 애정(Compassion)이다(Treasure, Smith, & Crain, 2007). 이 세 가지 요소는 거식증 치료의 핵심 원칙이다.

거식증 환자는 마치 벼랑 끝 가장자리에 서 있듯이 늘 불안해하고 얼음판 위를 걷듯 조심스러운데다 가족 또한 자녀를 대할 때 그러하기 때문에 부모-자녀 간에 긍정적인 분위기를 만드는 것은 쉬운 일이 아니다. 당신은 거식증 자녀가 심리적인 어려움을 스스로 다루어 나가고 의사소통할 수 있는 거식증 이외의 방법을 찾을 수 있도록 도와주어야 한다. 이를 위해 우선 자녀가 불안을 이겨 낼 수 있는 정서 지능을 향상할 수 있도록 지도한다. 또한 자녀가 긍정적인 책임감을 느끼고 경험할 수 있는 방법을 찾아가도록 이끌어 주어야 한다. 더 나아가 환자가 스스로 문제점을 직면하고 해결책을 찾아나가는 기술을 습득하고 유연한 사고를 가지도록 도우며, 이때 지엽적인 것보다는 큰 것을 볼 수 있도록 지도한다.

섭식장애 중 특히 거식증 환자에게 음식은 특별한 의미를 지니기 때문에 식사할 때 자기만의 절차와 규칙을 정해 두게 된다. 이러한 자기만의 식사 규칙은 체중증가가 두렵기 때문이거나, 혹은 더 복잡하고 복합적인 이유 때문이기도 하다. 이처럼 거식증 환자의 식사 원칙은 아주 주관적이고 개인적이며 비정상적인데, 대부분 겉으로 드러나지 않고 은연중에 이루어진다. 거식증 환자의 식사 의례로는 다음과 같은 것이 있다.

- 흰 쌀밥은 절대 먹으면 안 돼.
- 씹어서 넘기는 음식은 불안해. 액체로 갈아서 먹어야 해.
- 이 초록색은 먹기 싫어.
- 입에 넣은 뒤 꼭 15회씩 씹고 넘겨야 마음이 편해.
- 먼저 야채 반찬을 다 먹고 육류를 먹은 다음, 맨 마지막에 밥을 먹어야 마음이 편해. 이 순서는 반드시 지켜야 해.
- 지방 한 방울이라도 먹는다면 즉시 살이 붙어 버릴 거야.
- 이런 붉은 음식에는 몸에 나쁜 성분이 들어 있는 것 같아.

이때 당신은 섭식장애 자녀를 종종 안심시켜 주어야 한다.

    자녀: 이걸 먹는다면 살이 찔 거예요.
    부모: 이걸 먹는다고 해서 네가 그렇게 되지는 않아.

거식증 자녀가 자신의 불안을 누그러뜨리고자 부모에게 이를 확인하는 경우가 있다. 이것은 섭식장애 환자의 거식증적 생각을 확인하고 강화한다. 이때 가장 좋은 방법은 부모가 자녀의 이 같은 거식증적 행동에서 한발 뒤로 물러나 있는 것이다.

    부모: 우리 모두는, 사람이라면 누구라도, 살기 위해 음식이 필요해. 의사 선생님은 엄마에게 네 불안을 달랠 목적으로 네 식

사방식을 따라 하거나 마음에도 없는 거짓된 안심을 하도록
내버려 두지 말라고 하셨어. 그래서 엄마는 더 이상 말하지
않을게.

거식증 치료 분위기 조성에서 중요한 3C

침착성(Calmness) / 일관성(Consistency) / 애정(Compassion)

■ 치료원칙 3. 음식과 섭식 이면의 실타래 풀기

이는 거식증 환자를 대상으로 변화 기술을 키워 나가고 치료동기를
발전시킬 환경을 조성하기 위한 것이다. 즉, 그들이 고수하는 특정한
식사 양상이나 마음의 안심을 얻기 위한 거식증적 행동을 하지 않고
참는 것이다.

학습과 기억은 뇌에서 진행되는 적극적인 과정이며 뇌 시냅스(신경
연접)의 가지치기를 통해 이루어진다. 청소년기의 영양부족은 뇌의 성
장요인을 줄여 학습 등에 필요한 활발한 뇌기능을 방해한다. 거식행동
때문에 생긴 영양실조는 이렇게 병의 지속과 악화의 악순환에 영향을
미친다. 만일 청소년기에 섭식장애가 발병하여 이 시기에 지속적으로
굶어 영양실조 상태가 된다면 이는 뇌의 성숙과 사회화를 막고 인지적
인 성숙의 진행을 막는다. 이는 장차 필요한 사회성 발달, 정서 발달,
지능 발달 등의 지연을 초래하여 환자의 감정과 인지 상태를 어린아이

사 례

33세의 여성 A는 마치 중학생 소녀처럼 행동했다. 자신이 마치 청소년인 것으로 이해하는 듯했다. 치료자는 환자의 상태를 관찰자의 입장에서 설명해 주었다.

"당신의 의사결정 능력이 사라진 것 같군요. 당신은 부모님이 강요해서 그런다고 하지만 늘 자신의 결정을 부모님에게 미루고 모든 것을 부모님 탓으로 돌리지요. 부모님이 없다면 어떻게 해야 할지 모르지요. 당신은 점점 부모님에게 전적으로 하루하루의 생활을 의지하게 되었어요. 단순히 먹는 것만이 아닌 당신 삶의 전부를요."

상태에 머물게 한다. 자신을 돌아보는 능력, 한 걸음 물러서 전체를 조망하는 능력, 자신의 정서 상태, 생각, 행동 등을 평가하는 능력이 손상되며, 성인 환자라면 어린아이로 퇴행한 모습을 보인다.

강제 급식이나 강압에 의한 식사는 위급상황이나 단기간에는 유용할 수 있지만 이러한 방법만으로는 장기적인 변화를 도모할 수 없다. 거식행동과 관련한 환자의 경직된 원칙고수 양상이 교정되지 않는다면 거식증 환자의 행동은 습관으로 굳어지고 뇌의 왜곡된 신경회로는 고착된다. 그러므로 거식증 환자를 돕기 위해서는 여러 측면에서 균형 있게 접근하여야 한다. 한편으로는 환자가 그간 고수해 온 자기만의 섭식행동을 바꾸어 나가고자 하는 동기를 탐색하고, 자기만의 원칙에

근거한 섭식행동을 벗어 던지는 시도를 하도록 필요한 도움과 시간을 주며, 다른 한편으로는 영양실조와 관련한 행동이나 뇌세포의 사멸, 뇌 보상회로의 파괴, 성장을 저해하는 행동 등을 하지 못하도록 한다.

2) 폭식의 악순환

섭식장애 환자의 식사 원칙을 고수하는 행동과 생체의 식욕조절 본능 간의 대립은 신체와 감정 부분 모두 긴장을 높인다. 신체와 뇌가 제대로 작동하기 위해서는 절대적으로 영양분이 필요하다. 이 때문에 굶어서 영양부족이 발생하면 신체는 식욕증가를 통해 보상하려는 기전을 작동한다. 이러한 내적 기전은 개인에 따라 정도의 차이가 있다. 어떤 사람은 유전적으로 거식증에 취약한 소인을 갖고 있으며 이런 경우 신체 내 식욕조절 체계가 상대적으로 느슨할 수 있다. 굶기 같은 비정상적인 섭식행동을 오래 지속하면 그간 살아오면서 뇌와 신체 내에 프로그램화한 음식, 섭식, 식욕 등에 관한 경험과 기억이 사라진다. 특히 거식증 환자의 경우 치료과정에서 배고픔과 배부름의 기본 개념을 다시 배워야 하며, 점차적으로 정상적인 식욕조절을 다시 훈련해야 한다.

섭식장애에 걸리면 어떤 환자의 경우 음식과 관련한 대뇌 보상회로가 지나치게 민감해져서 일단 음식을 먹기 시작하면 한동안 멈추지 못한다. 이들은 과식하려는 욕구가 크며, 음식을 갈망하고, 그러다가 갑자기 폭식욕구가 터져 나온다. 엄격한 식사원칙(즉, 다이어트 원칙)을 고수해 온 경우, 생물적이고 자연발생적인 식욕과 다이어트 원칙 간에 한바탕 전쟁을 치르게 되며, 이는 결국 비정상적인 섭식 행태로 출몰한다. 예를 들어, 음식을 갑자기 손으로 집어 먹어 버린다든가, 훔친다든가 혹은 폭식하는 것이다. 이때 욕구에 대한 반응 방식 및 강렬한 충동의 정도는 개인차가 있다. 예를 들어, 제한형 거식증에 비해 폭식구토형 거식증은 언제라도 구토 반응을 보일 수 있다.

사 례

21세의 여성 B는 폭식과 이에 동반한 구토, 하제 남용 때문에 클리닉을 방문하였다. 이 여성은 이러한 증상으로 힘들어 자살을 생각하기도 했으며, 손목을 긋는 등의 자해를 시도한 적도 있었다. 대학생이지만 2년 전 발병한 이래 수업 출석을 거의 하지 못해 학사경고를 받았다. 처음에는 굶기와 운동으로 신장 158cm에 36kg까지 체중을 줄였으나 이후 생리가 멈추고 폭식과 구토가 나타났다. 방문 당시 체중은 48kg까지 증가한 상태였으나 체중이 더 늘까 두려워 오전에는 굶다가 저녁이면 집에서 떡볶이, 치킨, 순대 등으로 폭식하고 연이어 구토하기를 반복하였다.

B는 어머니에게 이끌려 반강제로 병원에 오게 된 경우로, 첫 3개월간은 치료시간에 휴대전화에만 집중하는 등 치료에는 별 반응이 없고 진행 내용에도 무관심하였다. 치료자의 질문에 '잘 모르겠다'는 식으로

반응하고 자신의 생각을 표현하지 않았다. 또한 치료를 받아야 한다는 동기도 미약해 치료는 더디게 진행되고 치료 상황이 어렵게 지속되었다. 치료자와 B 모두 힘든 상황이었지만 어머니는 매 시간 빠지지 않고 B와 동행하는 등 치료 기간을 잘 견뎌 주었다. 어머니는 딸의 모습을 당시 다음과 같이 표현했다.

"우리 딸이 원래 이렇게 무뚝뚝한 아이가 아니었어요. 정말 명랑하고 애교도 많아 집에서는 귀여움을 독차지한 딸이었고 친구들하고도 잘 지냈어요. 그런데 섭식장애가 오고부터 딸이 먹고 싶다 해서 음식을 만들어 주면 먹은 후 매우 불안해해요. 짜증을 심하게 내고 울면 저는 어떻게 해야 할지 몰라 정말 막막해요."

치료자는 B가 치료 시간에 치료자와 단 둘이 있게 되면 더 긴장하고 경계하는 것을 느껴 B의 어머니를 치료 시간에 동참하게 하였다. 점차 B는 치료자와 어머니가 자신의 치료를 도우려 함을 인식하고 치료자와 어머니 간의 대화를 경청하기 시작했다. 그간의 침묵을 깨고 어머니가 본인의 상태를 설명할 때 자신의 생각과 다른 경우 정정하는 등 자신의 생각을 표현하는 부분이 점차 늘어갔다. 치료가 계속되면서 치료자에게 자신을 '○○ 씨'보다는 '○○야'로 불러 주어야 더 친근감이 있다는 표현을 하기도 하며 치료자에 대한 신뢰를 더해 갔다.

B의 문제행동 중 하나는 친구들과 밤에 만나는 경우가 잦고 특히 그럴 때면 자연스럽게 술을 마시게 되어 저녁 식사는 거르고 안주거리를

많이 먹게 되는 것이었다. B는 친구들과 만나는 이유를 다음과 같이 설명했다.

"저는 친구들을 안 만나면 불안해요. 외톨이가 돼서 외로울 거 같아요. 술과 안주를 먹고 나면, 특히 저녁에 먹는 거라 살찔 것 같아 불안해서 집에 돌아오면 매번 토하게 돼요."

B는 자신에게 섭식장애가 있음을 인정하지 않고 치료 필요성 또한 느끼지 못했지만, 저녁 술자리에서 안주를 많이 먹고 귀가해 구토를 반복하는 상황은 바꾸고 싶어 했다. 치료자는 매 치료시간 B의 행동 변화에 초점을 맞추었다. B는 폭식과 구토를 줄여 가기 위해 저녁 식사를 거르지 않도록 어머니의 도움을 받기로 했다. B가 저녁 식사를 거르지 않게 되자 안주로 배를 채우는 양상이 줄어들어 구토도 줄게 되었다. 그런 다음 치료자는 B가 점차 술자리의 횟수를 줄여 가는 목표를 설정할 수 있도록 도왔다.

B의 또 다른 문제는 폭식 후 임의로 하제를 복용해 오고 있는 점이었다. 하루에 서너 포 이상의 하제를 먹어야 안심을 했다. 그렇게 하지 않으면 변을 보지 못해 배가 나올 것 같은 불안감이 있었다. 치료자가 장기간의 하제 남용으로 인한 장기능 마비 등의 위험성을 설명하자 적정량의 장운동 보조제와 삼투성 배변촉진제로 전환 처방하여 복용량을 줄여 가는 데 동의하였다. 하제 감량 기간 동안 B는 매 치료 시간마다 살이 쪄 보이는지 확인하며 불안해했으나 오히려 체중이 안정되어 가

자 치료과정을 더욱 신뢰하게 되었다.

치료를 시작한 후 3개월이 지나자 B는 과식을 하다가도 중단할 수 있는 자제력이 생겼다. 또한 자신에 대한 수치감이 줄고 할 수 있다는 자신감이 생겼으며 체중에만 집착하던 생각도 완화되어 갔다. 특히 B는 그동안 밥을 먹으면 살이 찔 것 같다는 두려움이 커서 쌀을 거의 섭취하지 않았는데 점차 밥을 위주로 한 식사도 시도할 수 있게 되었다. 그러던 어느 날 B는 다음과 같이 말했다.

"어제는 술을 마셨는데 집에 와서도 토하지 않았어요. 계속 먹고 토하기를 반복하며 살 수는 없을 것 같았어요. 치료시간에 선생님과 나눈 이야기가 자꾸 머릿속에서 생각이 나 토하는 걸 참을 수 있었어요."

치료자는 이를 계기로 B가 고수하고 있던 생각의 변화를 도모하였다.

"정말 반가운 변화군요. B에게는 중요한 시도였어요. 이제부턴 B가 자신을 위해 변할 수 있는 부분을 찾아볼 수 있을 거라 생각해요."

B는 선뜻 용기를 내기 어려웠지만 망설이며 대답했다.

"네, 어떨지 모르겠지만… 제 생각을 바꿔 가는 것을 한번 시도해 볼게요."

이후 치료자는 일관되게 B가 스스로 할 수 있음을 격려하고 자기효용감을 높여 주었다. 그 후 7개월이 지나자 B는 구토를 완전히 중단하였다. 다시 1개월이 지난 후 좋아진 부분을 묻자 B는 다음과 같이 대답했다.

"구토를 안 하니까 더 이상 목이 아프지 않고 얼굴이 붓는 것도 사라졌어요. 그리고 변비약도 완전히 끊었어요. 처음에 사흘은 변비약 없이 지내려니 너무 힘들어서 많이 울면서 견뎠어요. 그런데 며칠 더 지나니까 더부룩했던 배가 덜 불편해지고 화장실도 잘 가요. 지금은 많이 편해졌어요."

곁에서 지켜보던 어머니는 B를 기특해하며 다음과 같이 말했다.

"그 오랜 기간 정말 많이 복용해 온 변비약을 끊는 과정에서 얘가 너무 괴로워 울면서도 견디는 모습을 보니 안타까운 마음과 함께 아주 대견했어요. 어제는 정말 기뻐서 붙잡고 같이 울었어요."

그 후 B의 가정은 저녁 식사 자리에 가족이 함께하게 되었고 B는 가정 내에서 밝고 애교 있는 딸의 모습을 되찾아 그동안 소원했던 가족과의 관계를 회복하였다. 어머니는 달라진 딸의 모습을 보며 그간의 긴 치료과정에 대한 소감을 다음과 같이 말했다.

"병원에 올 당시 심할 때는 많이 우울해하고 혼자 지내는 시간이 많았는데 요즘은 다시 예전의 모습으로 돌아온 것 같아요. 복학했는데 수업시간에 공부도 잘된대요. 이렇게 좋아지기까지 온 가족이 힘들었던 시간을 생각하면 지금 이 상황은 정말 꿈만 같아요."

3. 이상섭식행동 바꾸기

1) 이상섭식행동을 일으키는 선행요인 바꾸기

식사시간에 거식증 자녀를 나무라거나 적대감을 표현하는 것은 자녀의 불안을 조장하여 결국 식사를 어렵게 한다. 자녀의 섭식행동이 아무리 실망스럽더라도 부모는 차분함과 평정을 유지해야 한다. 만약 부모가 불안해하고 화를 낸다면, 섭식장애 자녀는 더 불안하게 반응하고 화를 내게 되는데, 이는 먹는 것을 더 어렵게 만드는 원인이 된다. 자녀는 식사 거부가 자신이 불안하거나 화가 났기 때문이라며 먹는 것에 대한 거부를 정당화하려 들 수 있다.

따라서 부모는 가능한 한 집안 분위기를 온화하게 조성해서 식사를 격려할 수 있는 분위기를 만들어야 한다. 예를 들면, 부모는 식사 분위기를 즐겁게 만들기 위해 식사시간에 할 만한 부담이 없는 이야깃거리(인기 있는 상영 영화나 스포츠 뉴스 기사 등)를 미리 생각해 둔다. 혹은 가족에게 자신의 하루가 어떠했는지 등을 이야기해 보게 한다. 일상사에 대한 어떤 소재든 섭식장애 환자에게는 안정감을 주기 위한 대화가 된다. 식사 시간이 불편해지거나 긴 침묵이 예상된다면 식사 전에 미리 낮은 톤의 편안하고 조용한 배경 음악을 틀어 두면 도움이 된다. 주말이라면 가족 중 한 사람이 십자말맞추기 등 식후에 관심을 분산할 수 있는 활동거리를 준비해 둔다. 날씨가 좋다면 야외에 나가서 식사하는 것도 고려해 본다.

2) 섭식장애적 생각의 촉발 요소를 극복하도록 돕기

자녀에게 섭식장애 병리를 촉발하는 요인이 있다면 자녀가 이러한 상황을 극복하도록 돕기 위해 당신은 다음과 같은 태도를 가져야 한다.

첫째, 차분함과 평정을 유지한다. 가장 먼저 당신 자신이 평정을 잃지 않은 상태에서 자녀가 변화해야 하는 이유를 간결하고 명확하고 침착하게 말한다. 이전에 함께 이야기 나누며 자녀가 하기로 한 약속이나 동의한 내용이 있다면 대화 도중 자연스럽게 이를 상기시킨다.

둘째, 열정을 가진다. 당신은 참을성 있게 자녀에게 원하는 긍정적인 변화를 반복해서 설명하고 설득할 준비를 한다. 그러면서 당신의 관점은 다르다는 것을 부드럽게 표현하되 분명히 상기시킨다. 그 과정에서 자녀가 음식과 관련한 거식증적 문제가 아닌 자신이 처한 현실의 다른 것을 볼 수 있도록 유도한다. 당신은 자녀가 거식증에서 벗어나는 것을 원하도록 만드는 일이 얼마나 어려운지 알아야 한다.

셋째, 지속적으로 자녀를 보살피고 관심을 갖는다. 당신이 할 수 있는 방법으로 자녀를 돕기 위한 제안을 한다. 자녀에게 어떤 도움이 필요한지 물어본다.

넷째, 자녀에게 병에 관한 그리고 병을 극복하기 위한 메시지를 전

한다. 섭식장애에 걸린 자녀의 마음이 지엽적인 것에 집착하고 있고, 멀리 내다보지 못한 채 지금 당장에만 머물러 있다는 점을 허심탄회하게 이야기 나눈다. 자녀에게 당신이 좀 더 멀리 더 폭넓게 바라보고, 장차 벌어질 일을 예상하고 있음을 관찰자의 입장에서 설명해 준다. 단, 식사나 먹는 것에 대한 자세한 토론은 별 도움이 되지 않으므로 피한다. 사람은 살기 위해서 먹어야 하고 당신의 관심은 자녀의 삶을 더 나아지게 하는 데 있다. 이게 바로 당신의 출발점으로 당신은 이러한 메시지를 자녀에게 침착하고 친절하게 꾸준히 반복해야 한다.

다섯째, 거식증 자녀의 거식증 행동에 동조하지 않는다. 예를 들어, 자녀가 쌀은 먹지 않겠다고 하여 이에 맞추어 밥을 주지 않는다거나, 43kg 이상이 되어서는 안 된다는 자녀의 말을 듣고 그 이하로 유지하는 것을 돕는 식으로 반응하지 않는다. '내가 이것을 먹으면 살쪄?'와 같이 거식증으로 인한 불안을 잠재우기 위해 확인을 재차 요구하는 자녀의 질문에 말려들지 않도록 한다. 자녀와의 대화는 가능한 한 자녀가 감정적으로 격해지지 않을 중립적인 주제를 선택한다. 섭식장애와 관련한 주제, 예를 들어 음식, 체중, 체형 등에 관한 주제는 피한다.

자녀가 정상적인 섭식행동을 꾸준히 유지하게끔 다음과 같은 내용을 침착하게 알려 주는 것이 도움이 된다.

- 네가 무엇을 얼마나 먹고, 몇 칼로리를 먹는지에 세세히 집착하는 것은 전혀 도움이 되지 않는단다.

- 우리 큰 계획을 세워 보자. 우리의 관심은 네 건강과 네 삶, 네 행복이란다.

- 먹는 것에만 집착하기보다는 네 삶을 크게 보고 인생에서 어떤 것을 성취할지에 관한 시각을 가져 보았으면 한다.

- 네가 먹는 것 이상의 다른 삶을 가졌으면 한다.

- 먹는 것과 관련한 생각에서 벗어나 네 주변 사람, 네가 살고 있는 세상에 관해 넓게 생각해 보았으면 한다.

- 너에겐 먹는 것이나 체중이 전부가 아니며 그 이상의 다른 소중한 것이 있다는 것을 알았으면 한다.

사 례

고등학교 1학년에 재학 중인 15세 소녀 C는 극히 소량의 식사를 하면서도 식사를 통제할 수 없다는 불안감과 자발적인 구토, 살이 찌는 것에 대한 두려움 등의 증상이 있어 클리닉에 내원하였다. 당시 신장 163cm에 체중 45kg이었으며 수개월 전부터 생리는 중단된 상태였다. C는 성격이 소심하고 내성적이며 타인의 평가를 상당히 의식하는 편이었다.

C는 내원하기 약 8개월 전 치아 보철을 한 계기로 체중이 62kg에서 47kg로 감소하였고 이에 체중을 더 줄이고자 하는 욕구가 커졌는데, 과식 후에 구토를 경험한 이후로 의도적으로 구토를 반복하면서 식욕이 증가하였다. C는 학교 급식 때면 식사를 통제할 수 없다는 불안감에 점심시간 전에 조퇴를 하기도 하였다.

C는 '먹고 싶은 욕구를 참을 수 없지만 살찔까 봐 불안해서 어쩔 줄 모르겠다'는 상태로 내원하였으며 곧 입원치료를 시작하였다. 약 4주간의 입원치료 후 체중은 49kg이 되어 퇴원하였다. 퇴원 1주 후 첫 외래 방문 시에 체중은 50kg이었으며 체중증가 속도는 양호했다. 호전을 보이자 C의 어머니는 학교에 점심과 저녁 급식을 신청하였다. 대체로 퇴원 후 거식증 자녀의 체중이 어느 정도 회복되면 부모 입장에서는 안도감을 느끼면서 회복과정에서 관심과 돌봄에 힘을 덜 쏟는 경우가 발생한다. C의 가족도 그런 경우로 퇴원 후 외래에서 가족치료를 진행하였다.

C   : 식사 후에도 계속 뭐가 먹고 싶어요. 그런데 살은 더 빼고 싶어요. 그런 생각이 들면 점심 급식을 덜 먹고 싶고, 가끔은 간식을 안 먹기도 해요. 학교에서 급식을 덜 먹거나 간식을 안 먹은 날이면 어김없이 저녁에 집에 와 허겁지겁 먹는 것 같아요. 그러고 나서 또 토하게 돼요.

어머니: (놀란 듯) 학교에서 밥을 덜 먹거나 싸 준 간식을 안 먹는 일이 있었다는 건 잘 몰랐어요. C가 귀가해서 늦은 저녁 시간에 과식을 해서 불안했어요.

치료자: 우선은 C가 학교에서 식사와 간식을 잘 먹을 수 있도록 해야겠군요. 그리고 어머니가 어떻게 도와주면 좋겠어요?

C   : 저는 저녁에 집에 왔을 때 식탁에 음식이 없었으면 좋겠어요.
　　　학교에서 수업 끝나고 오면 식탁 위에 간식이 있는데 그걸 보
　　　면 못 참겠어요. 엄마가 언니 저녁식사로 준비해 놓은 건데 제
　　　가 먹어 버려서 언니는 먹지 못하게 돼요. 언니에게 미안하기
　　　도 하고… 그런데 저는 그걸 먹고 불안해서 또 토하고….
어머니: 그때 네가 많이 힘들었겠구나. 제가 그 부분을 좀 더 신경 써서
　　　돌봐야겠네요.

　　치료자는 어머니에게 C가 학교에서 어느 때 식사나 간식을 덜 먹게
되는지 서로 이야기 나누고 규칙적으로 먹을 수 있게 돕도록 격려하였
다. 한편 C에게는 그동안 가족에게 표현하기 어려웠던 점을 치료시간
에 표현할 수 있도록 격려하고 가정에서도 자기주장을 강화해 나갈 수
있도록 진행하였다. 가족 간에 의사표현의 양이 증가하자 C는 불안이
현저히 줄어들고 안정감을 찾았으며 체중도 서서히 정상화되었다. 체
중이 52.5~53.5kg이 되어 생리도 다시 회복되었다.

C   : 저는 살쪘다고 생각하는데 친구들은 지금이 보기 좋다고 해요.
　　　그런 말을 들으면 좀 안심이 돼요.
치료자: 체중이 회복되니 어떤 점이 좋은가요?
C   : 다시 학교에서 공부도 하고 친구들하고도 어울릴 수 있어서 좋

아요. 간혹 다이어트 하고 싶은 생각이 들긴 하지만 나중에 더
건강해지고 나서 생각할래요. 거식증을 겪을 때의 힘든 시간으
로 절대로 다시 돌아가고 싶지 않거든요.

4. 이상섭식행동으로 빚어진 결과 바꾸기

이상섭식행동의 결과는 환자의 거식행동을 다시 강화하고 이는 병
을 지속하게 하는 원인이 된다. 이러한 악순환의 사슬을 끊기 위해서
는 섭식행동이 초래한 드러난 결과뿐 아니라 환자의 내적 결과, 즉 마
음속 불안도 모두 고려하여 대응해야 한다.

1) 내적 결과 바꾸기

거식증 환자가 보이는 극도의 불안감은 자신이 고수해 온 거식 증상
에 관련한 원칙이 깨질까 봐 걱정하는 데서 발생하는 아주 흔한 현상
이다. 이러한 불안을 완화하고 자신을 안심시키고자 섭식장애에서 파
생되는 행동을 강박적으로 하기도 한다. 여기에는 운동, 구토, 하제 남
용, 다른 사람에게 반복적으로 확인하는 행위, 섭식과 관련한 생각, 횟
수를 세는 등의 강박행동이 있다.

한편 이러한 불안은 거식증 환자의 경우 영양회복을 위한 식사 후에 더 커지는 경향이 있다. 따라서 거식증 자녀가 식사를 마친 후에는 관심을 전환할 수 있는 활동을 하는 게 도움이 된다. 예를 들어 가벼운 대화 나누기, 퍼즐 맞추기, 단어 채우기, 책이나 앨범 살펴보기, 산책하기, 인터넷 뉴스 검색하기, 영화나 텔레비전 시청하기 등은 이러한 강박적 행동이 출몰하는 것을 막을 수 있다. 이런 주의분산 행동은 식사 후 30분, 간식 후 15분 정도 지속하는 게 좋다. 이 시간이 지나면 신체적으로 배부른 느낌이 점차 줄고 환자가 불안을 완화하려고 시도하는 이상행동도 줄게 된다. 또한 이런 불안을 잠재우는 좋은 방법은 섭식장애의 핵심 병리와 무관한 다른 일을 통해 만족감을 경험하는 것이다. 한편 자신이 바라는 진정한 삶의 모습을 표현해 보게 하는 방법도 도움이 된다.

환자에 따라서는 식사 후 긴장이 고조되고 화가 치밀어서 다른 행동에 집중할 수 없는 경우도 있다. 환자의 이러한 분노 감정은 음식을 먹었기 때문일 수도 있고, 한편으로는 자신이 하려는 보상적 안전행동을 당신이 가로막기 때문일 수도 있다. 이런 경우 자녀는 당신에게 직접 분노를 표현하고 화를 낼 수 있다. 이때는 자녀에게 다른 방식으로 분노를 표현해 보도록 하는데, 예컨대 베개나 쿠션을 때리거나 그림을 그리거나 자신이 어떻게 느끼는지 감정을 적어 보는 것 등이 있다. 식후에 적어 보는 식사일기는 환자의 자신에 대한, 그리고 자신의 인생에 대한 이러한 미움과 불만족감을 표현하는 데 유용하다.

　보통 사람에게는 즐거움과 만족을 주는 식사가 거식증 환자에게는 왜 그렇게 불쾌하고 불안하게 느끼도록 만드는 요인이 되는 것인가? 이는 많은 섭식장애 환자가 정서지능이 결핍되어 있고 자신의 감정을 느끼고 언어화하는 데 상당히 어려움을 겪기 때문이기도 하다.

사 례

　고등학교 1학년에 재학 중인 15세 여학생 D는 급격한 체중감소와 절식, 운동과다, 체중증가에 대한 두려움 등의 증상이 있어 클리닉에 내원하였다. D의 식사 형태에 문제가 나타난 것은 약 6개월 전부터였으며 내원 당시 신장 164cm에 체중 40kg으로 생리는 중단된 상태였고 6개월 전 57kg이었으나 이후 약 3개월에 걸쳐 17kg이 감소하였다. D는 평소 완벽주의 성향에 내성적이고 꼼꼼한 성격으로, 자신보다 타인의 의견을 수용하는 편이었으며 인정받고자 하는 욕구가 매우 강했다.

　중학교 때 학업 성적이 우수했던 D는 특목고로 진학하였고 자수성가하신 강인한 아버지의 기대감으로 인해 좋은 성적을 받아야 한다는 부담감이 컸다. 진학한 고등학교에는 성적이 우수한 아이들이 많았으며, 반 전체 분위기가 매우 경쟁적이었다. 게다가 같은 중학교 출신 친구가 없고 기숙사 생활을 하게 되면서 외로움을 크게 느꼈다.

　D는 저체중으로 인해 신체적 위험이 높은 상태로 입원치료를 시작하였고 약 4주간을 치료한 후에 퇴원하였다. 퇴원 후 치료의 가장 큰 원동력은 부모의 적극적인 치료 동참이었다. 부모는 D에게 거식증이 발병하

기 전부터 심한 성격차이로 인해 부부 사이에 대화가 거의 없는 상황이었지만, D의 치료를 가장 중요한 문제로 인식하고 있었다. 또한 자신들의 갈등에 관련한 문제보다는 자녀의 치료와 건강을 최우선으로 하는 결단을 보여 주었다. 부모는 가족치료 때면 항상 참여하여 증상을 호전할 수 있는 방법에 대해 같이 논의하고 시도하였다. 또한 치료자와 함께 점검하고 시도한 방법이 어떤 성과가 있었는지에 대한 평가를 적극적으로 하는 열정을 보여 주었다.

그런데 퇴원 후 집에서 식사를 시도하자 D는 식사 시 밥의 무게를 측정하지 않으면 불안해하고 정해진 시간이 아니면 식사를 하지 못하는 등 식사와 관련한 부분에서 매우 강박적인 성향을 나타내었다. D는 가족치료 시 식사와 관련해 두렵고 불안한 마음을 다음과 같이 표현하였다.

"아빠랑 식사하면 너무 불안해서 밥을 먹을 수가 없어요. 입원 전에 제가 식사로 힘들어할 때 아빠가 화를 냈던 기억이 자꾸 떠올라서 지금도 언제 어떻게 화를 내실지 몰라 항상 긴장하고 있어요."

부모는 딸의 마음을 이해하였으며, 치료자는 D가 식사를 편안하게 할 수 있는 방법에 대해 부모와 상의하였다. 어머니는 한시적으로 아버지와 D가 식사를 따로 하기를 제안했으며 아버지도 이를 수용하였다. D의 섭식행동은 점차 호전되고 체중도 지속적으로 회복되었으며 다시 아버지와 가족식사를 함께할 수 있게 되었다.

또한 부모는 자녀의 치료를 위한 환경 변화를 적극적으로 시도하였다. 즉, D가 특목고 적응에 어려워하는 점을 감안해 집 인근의 일반고 로 전학하는 데 동의하였다.

D는 입원치료를 통해 체중은 회복하였지만 여전히 사소한 일에도 어린아이처럼 울어 버리는 등 감정 조절의 어려움이 지속되었다. 이런 상황은 대부분 학교에서 쌓인 어려움을 집에서 표출하는 경우였다.

"우리 반에서 제가 학교 행사의 리더를 맡았는데 애들이 잘 안 도와 줘요. 제가 다 해요. 그러다 보니 너무 힘들어요. 그 일에 전념하니까 제 공부는 뒷전이에요. 성적에 대한 걱정도 많아요. 그래서 동생이나 엄마 가 조금만 기분을 상하게 해도 견딜 수가 없어요. 몇 시간씩 소리 내서 울기도 해요."

자신의 감정을 조절하기 어려울 경우 동생을 자극해서 다투거나 부모에게 화풀이를 하는 등 다른 가족에게 미치는 영향이 컸고, 이는 가족 내 긴장으로 이어지고 있었다.

치료자는 D의 마음에 공감하며 D가 자신의 행동을 객관적으로 볼 수 있게 도왔다.

"D는 그렇게 하고 나면 어떤가요?"

그러자 D는 곰곰이 생각하곤 다소 침울한 목소리로 대답했다.

"제 생각에도 너무 심할 때가 있어요. 그런데 가족이 제 마음을 좀 이해해 주었으면 좋겠어요."

치료자는 가족치료를 통해 D의 감정조절이 어려움을 객관적으로 바라보고 가족 구성원이 효과적으로 도와줄 방법을 찾아갈 수 있도록 격려하였다. 1년여의 꾸준한 치료 후 호전된 식사 형태 및 식사량을 통해 체중이 51~52kg으로 안정적으로 유지되고 다시 생리를 시작하였다. 이와 더불어 감정조절 능력이 성숙하고 일상생활이 원만해졌으며 학교생활 및 친구관계 등에서도 치료 전에 비해 적극적이고 자신감도 높아졌다.

부모는 식후에 불안해하는 거식증 자녀를 다음과 같은 방식으로 도와줄 수 있다.

- 엄마는 네가 밥 먹고 나서 이렇게 불안해하는 게 안타까워. 움직이고 싶은 마음을 참기가 얼마나 어렵니. 그 마음을 견딜 수 있도록 엄마가 도와줄게. 우리 예전에 밥 먹고 30분만 견뎌 보기로 했던 것 기억하니. 네가 그렇게 하도록 엄마가 어떻게 하면 도움이 되겠니? 그 시간 동안 우리 ○○○까지 함께 천천히 걸어갔다 오면서 오늘 하루가 어땠는지 이야기해 보면 어떻겠니?
- 밥 먹고 나면 네가 얼마나 불쾌하고 불편한지 잘 안다. 그럴수록 불안해서 다른 사람에게 화내는 것도 알아. 네 마음을 한번 적어 보면 어떻겠니? 네 마음을 끄집어내 볼 수 있다면 속으로 담고 견디는 그 힘든 감정이 좀 가벼워질 수 있을 거야. 그럼 배가 부른 느낌도 덜 들 것 같은데.

2) 거식행동이 초래한 결과 바꾸기

거식증 자녀에게는 거식행동에 대한 부모의 관심이나 돌봄행동이 그러한 행동을 지속하게 하는 가장 강력한 동기원이 됨을 기억해야 한다. 또한 거식증 자녀가 고집하는 섭식행동이 타당하지 않을 경우 일관성 있고 침착하게 대응하는 것이 중요하다. 자녀가 거식증적 행동을 이겨 내는 행동을 했을 때 긍정적인 동기원을 사용하고, 거식증적인 행동(예, 먹는 것이 불안해서 우는 등)에 무분별하게 동기원을 사용하지 않도록 주의한다. 가족 구성원 각자는 자신의 입장과 능력에 적합한 해결책을 이용해서 환자의 거식증적 행동을 줄일 수 있는 방법을 찾아본다.

5. 자녀의 섭식행동을 바꾸기 위한 구체적인 방법

1) 선택권

먹을지 굶을지는 선택의 여지가 없다. 인간이라면 먹지 않고는 살 수 없기 때문이다. 하지만 간식이나 식사를 어디서 할지는 선택의 여지가 있다. '간식을 식탁에서 먹겠니, 상에서 먹겠니?' 혹은 언제 먹을지를 정하는 것도 선택의 여지가 있다. '오후 간식을 3시와 4시 중 언제 먹겠니?' 누구와 함께 먹을지도 선택할 수 있다. '아버지와 먹겠니, 어머니와 먹겠니?' 또한 식사를 한다면 메뉴 중 무엇을 먹을지 선택할 수 있다. 이때는 '간식으로 떡, 찐빵, 쿠키 중에 어떤 것을 먹겠니?'와 같이 두세 개의 선택권을 주어 고르게 한다.

2) 이상섭식행동을 바꾸는 작업

자녀의 거식 증상에 관련한 문제를 해결하는 데에는 가족이 일치단결하는 게 중요하다. 가족 개개인의 개성이 다르기 때문에 거식증 환자에 대한 접근에 일치를 보는 것은 쉽지 않다. 또한 가족 중 음식에 관련한 나름대로의 문제가 있는 사람이 있다면 치료가 더욱 어려워진다. 가족 중 체중이나 체형에 관한 견해가 상당히 치우친 사람이라면 거식증적 행동에 대해 편향된 시각을 갖기 쉽다. 매스컴이나 광고에 나오는 '저지방' '저칼로리' '칼로리 제로' 등의 문구는 거식증 환자에게 칼로리에 대한 각성을 조장한다. 이런 문구는 거식증 환자의 체중을 회복하는 데 도움이 되지 않는다. 가족이 모여 토론하여 이런 음식을 부엌 어디에 둘 것이며, 칼로리 설명을 떼어 놓을 것인지 등에 관한 결론을 도출하고 결정한다. 거식증 자녀 이외의 가족 구성원의 섭식행동에 관한 대화도 필요하다. 가족 중 환자 이외에도 섭식 관련 행동에 변화가 필요한 사람이 있는지 파악하여야 한다. 어떤 것이 이상섭식행동이고 어디까지가 정상섭식행동인지를 구별하기는 어렵다. 하지만 가족 내에서 섭식장애가 어떤 것인지를 구분하고 무엇이 중요한 것인지에 관해 일치된 의견을 갖고 일관되게 협력해 나가는 것은 매우 중요하다.

3) 식사계획 수립

거식증 자녀가 행동변화를 망설이며 혼란함을 느끼다 그 감정에서 벗어나 실천하기 단계에 도달한다면 부모는 자녀가 실천계획을 구체적으로 세우도록 도와준다. 물론 그 전에 자녀는 필요할 때면 언제든 부모의 도움을 받을 수 있음을 알고 있어야 한다. 거식증 자녀는 예전에는 그 같은 변화를 위해 시도해 본 적이 없을 수 있다. 그러나 이 단계에 도달하면 부모는 자녀와 '함께' 그러한 변화를 계획하고 실천해 나가야 한다. 실천과정에서 종종 후퇴나 기복이 있기도 하므로 지치지 않기 위해서 부모도 신체적·정신적인 지구력을 길러 두어야 한다. 다시 말해 이 과정 동안에도 섭식장애라는 병은 종종 초기 발병 상태의 형태로 후퇴할 수도 있다는 점을 알고 대비해야 한다.

4) 함께 계획 세우기

이 단계에서 부모는 거식증 자녀와 함께 실천에 대한 내용을 매우 구체적으로 자세히 세워야 한다. 거식증 환자는 식사와 관련한 계획을 언제, 어떻게 적용하는지에 따라 안정감/불안정감을 다양하게 느낀다. 한꺼번에 급격하게 바꾸려 한다면 거식증 환자는 궁지에 몰리듯 부담을 느낄 수 있다. 치료과정에서 가족과 치료자가 반드시 기억해야 할 점은 거식증 환자에게 부모는 안전하게 자신을 감싸고 있는 담요를 벗기려는 사람, 마음의 위안을 혼란하게 하는 사람으로 느껴진다는 점이다. 거식증 환자가 신체적 위험이 높은 상태라면 구체적이고도 원칙적인 식사계획을 수립해야 한다. 단, 거식증 환자의 건강상태만을 고려해서 너무 거창하고 완벽한 계획을 세우려 한다면, 환자는 이를 받아들이려 하지 않을 가능성이 높으니 주의한다.

정상 체중의 중요성

거식증 치료의 전반적인 목표는 건강한 체중을 회복하는 것이다. 거식증에서는 정상 체중에 도달해야만 회복 궤도에 오를 수 있음이 입증되었다. 전 세계 거식증 치료지침을 살펴보면 모두 이를 명시하고 있다. 이는 체중이 체질량지수 19~24(kg/m^2) 범위 내에 있음을 의미한다. 그 이유는 다음과 같다.

• 재발의 위험을 줄인다.
• 단기적 · 장기적 합병증을 낮춘다.
• 폭식 증상 발생의 위험을 줄인다.
• 뇌를 신경화학적으로 안정시켜 충동적인 행동, 자해 등을 줄인다.
• 뇌를 신경화학적으로 안정시켜 강박적 행동, 공격적 행동, 불안정감 등을 줄인다.
• 뇌를 신경화학적으로 안정시켜 과다활동을 줄인다.

거식증 자녀는 체중이 정상화되지 않는 한 고립감, 정서적인 측면에서의 비정상적인 생각, 고집스러움, 우울증 같은 거식 관련 증상을 줄이는 것은 불가능하다. 신체가 정상적인 생물적 · 생리적 상태에 도달하지 못한다면 정신은 굶었을 때 혹은 스트레스 상황에서의 반응을 지속하는 상태가 되고, 환자는 자신의 거식증 원칙에 계속 사로잡혀 벗어나지 못하게 된다. 한 거식증 환자는 거식증적 마음 상태를 다음과 같이 묘사했다.

- 사람과의 친밀함이란 서로에 대해 자세히 아는 것이라고 생각해요. 그런데 난 다른 사람이 나에 대해 아는 것이 썩 유쾌하지 않아요. 특히 '이해해 준다'는 것이 마음에 들지 않는데, 그것은 내가 겪고 있는 어려움이 다른 사람에게 쉽게 이해된다면 나의 어려움은 대수롭지 않은 일이 될 것 같기 때문이에요.

거식증에서 호전되는 속도는 느릴 수 있다. 회복이 시작되는 중요한 단서는 거식증 자녀의 손발이 따뜻해지는 것이다. 이때 부모와 자녀는 지금 변화를 만들기 시작하고 있음을 알아야 한다. 이 상태의 자녀와 어떤 대화를 나눌지 다음의 내용을 생각해 보자.

■그간 고수한 자신만의 거식증 원칙에 이름을 붙이고 인식하기
거식증 자녀에게 오늘 하루 자신의 건강에 책임을 느꼈다면 어떻게 하는 것이 좋을지 살펴보게 한다. 자녀와 함께 어떤 것이 자녀가 고수

해 온 섭식장애와 관련한 원칙인지를 조심스레 파악하면서 점차적으로 이를 느슨하게 바꾸어 나갈 수 있도록 설명하고 유도한다. 거식증 환자는 자신이 고수하는 규칙을 드러내 논의하길 꺼린다. 다른 사람이 이에 관해 언급하면 조롱하는 것으로 느끼거나 당황해하고, 이를 다루는 것이 자신에게 도움이 된다는 것을 믿지 않는다. 또한 거식증 상황에서 고수해 온 규칙을 깨는 행동은 환자를 불안하게 만든다. 따라서 부모는 이러한 불안의 시기 동안 환자의 곁에서 격려해 주고 지지해 줄 것이라는 사실을 환자가 확신할 수 있도록 해 주어야 한다.

- 이제 네가 건강에 책임을 느낀다면 앞으로 어떻게 할 것인지, 네 하루 생활이 어떨지 자세히 살펴보자. 그리고 나서 나와 실천할 계획을 함께 짜 보자. 앞으로 아침 식사를 어떻게 할지에 관해 함께 이야기해 보자.
- 섭식장애가 있게 되면 통상 먹는 것을 제한하게 돼. 네가 어떤 원칙이 있는지 이야기해 보자.
- 네가 고집해 온 그런 규칙을 깨는 것이 무척 두려울 거야. 우리가 어떻게 하면 네가 그렇게 하도록 용기를 줄 수 있겠니?

이제 거식증 자녀가 고수해 온 이러한 섭식장애의 원칙에서 서서히 옮겨 갈 방법에 대해 자녀와 의논할 준비를 갖추었다. 이때 효과적인 방법은 어떤 규칙을 다룰 것인지 우선순위를 정한 다음, 가볍고 쉬운 것부터 작업한 후 어려운 것을 다루어 나가는 것이다.

■ 거식증적 안심행동을 다루어 가기

거식증 자녀가 불안을 잠재우고 안정감을 느끼고자 하는 행동을 보인다면(예, 식후에 서성이기 등) 자녀가 침착을 되찾고 안심을 느끼게끔 하는 전략이나 불안을 중화할 수 있는 생각을 이용해 본다. 이때 목표는 자녀가 그러한 불안한 생각을 적응적인 생각으로 수정해 가도록 돕는 것이다.

- 누군가가 네 원칙을 깨려 한다면 너만의 방법을 통해 불안을 달래려 할 거야. 네가 불안을 달래고자 어떻게 하는지 알려 주겠니?'
- 지엽적인 것에 집착한 나머지 큰 그림을 보지 못하는 것은 섭식장애에서 흔한 문제란다. 즉, 나무만 보고 숲은 보지 못하는 것이지. 어떻게 하면 네가 사소한 규칙보다 좀 더 큰 관점으로 옮겨 갈 수 있을까?

■ 변화를 위한 계획 세우기

변화를 위한 결심을 종이에 분명하게 적어 보자. 거식증적 규칙과 자기만의 안심행동 가운데 바꾸고 싶은 게 있다면 적어 보도록 한다.

이상과 같은 계획을 세운 다음, 현재 주된 문제가 되는 식사와 관련한 영역인 음식, 시장 보기, 요리하기 등으로 확대해 본다. 그다음에는 자녀와 함께 각 세부 사항을 살펴본다. 변화에 대해 이야기를 나눈 다음 이를 적용할 때 나타나는 문제점을 다루고, 계획 실천을 위해 어떤 도움이 필요할지, 누가 도울 수 있을지 등에 관해 이야기를 나눈 후 이

섭식행동을 바꾸기 위해 스스로 세운 계획의 예

- 내가 원하는 변화는?

- 내가 이런 변화를 원하는 중요한 이유는?

- 변화를 위해 계획하고 있는 단계는?

- 주위 사람이 나를 도와주는 방법은?

- 내 계획이 잘 이루어지기 위한 방법은?

- 내 계획의 방해물은?

를 적어 본다. 거식증 자녀에게 다음 사항을 강조한다.

- 모든 생명체는 살기 위해 연료가 필요하단다. 따라서 모든 인간은 먹어야 살 수 있어. 먹고 안 먹고는 인간이 선택할 수 없는 거란다. 살기 위해서는 어느 누구든 먹어야 하기 때문이야.

자녀와 함께 다룬 결심을 다시 훑어보고 자녀가 이해했는지 확인해 본다. 그런 다음 변화를 위한 구체적인 계획을 실제 시행해 나가면서 어떤 것이 실천 가능하고 얼마나 나아갔는지, 현재는 어떤 것이 문제이고 어떤 것이 잘 안 되었는지, 그리고 이유는 무엇인지, 지금까지 한 것에서 무엇을 배웠고 앞으로는 어떤 식으로 하는 것이 좋을지에 관해 계속 논의해 나간다. 이 같은 논의는 식사를 마치고 난 이후 등 식사시

간 외에 진행하는 것이 좋다. 이 과정에서 자녀에게 의미 있는 변화가
생겼다면 다음의 핵심 사항을 자녀와 함께 확인한다.

- 내가 이러한 변화를 겪을 때 관찰한 나 자신의 모습
- 내가 변화를 경험하면서 배운 것
- 다음 계획

[사례] 치료 중에 있는 어느 환자의 변화 정도

즐거운 활동	과거 (점수: 1~10)	현재 (점수: 1~10)	즐거움의 정도가 바뀐 이유
친구와 함께 식사하기	2	9	예전에는 친구가 밥 먹자고 하면 속으로는 또 토해야 하는구나라고 생각했다.
가족과 시간 보내기	1	7	예전에는 내 행동에 제한을 받아서 불편하다는 생각만 했다.
쇼핑하기	1	6	예전에는 옷을 사고 싶어도 먹는 데 돈을 다 써 버려 쇼핑할 돈이 없었다.
주어진 일과를 수행하기	2	8	먹는 것/토하는 것에 대한 집착이 없어지니 일에 집중할 수 있게 되었다.
가벼운 운동하기	2	9	활력이 더 생겼다.

6. 거식증에서 회복하기 위한 식사

1) 거식증 회복을 위한 식사계획

거식증 치료의 목표는 식사량을 늘려 체중을 회복하는 것이다. 이를 잘 달성할 수 있는 방법은 하루 식사량을 주식과 간식으로 나누어 일정하게 소량씩 섭취하는 것이다. 신체적 위험이 높은 상태의 거식증 환자인 경우 치료 초기(3~7일)에는 하루 30~40kcal/kg의 유동식으로 식사를 시작하는 것이 좋다. 이 시기의 총 섭취 열량은 하루 약 1000kcal다. 어떤 환자는 초기 치료 시에 액상으로 음식을 섭취하는 것이 정상식사보다 더 쉬울 수 있다. 식사 치료의 최종 목표는 정상식사다(정상식사의 기본 열량은 2000~2500kcal이며 체중, 활동량, 대사량에 따라 그 이상이 될 수 있다). 여기서 일주일에 1kg의 체중을 늘리고자 한다면 하루 500kcal의 잉여열량이 필요하므로 체중 회복을 위해서는 하루 2500~3000kcal를 섭취해야 한다. 섭식장애 전문병원에서 치료 시 입원 환자는 하루 3000~3500kcal가 필요하고, 체중증가의 목표는 외래치료 시 일주일에 0.5kg, 입원치료 시 일주일에 1kg의 상승을 목표로 하는 것이 적절하다. 그러나 이때 명심해야 할 것은 매일 혹은 매주 나타나는 소소한 체중 변화보다는 체중의 전반적인 변화에 관심을 가져야 한다는 것이다.

거식증 환자에게는 감소된 체중의 회복에 필요한 칼로리를 꾸준히 지속적으로 섭취하도록 하는 요구가 큰 부담으로 작용할 수도 있다. 따라서 식사 이외에도 거식증 환자가 초과 칼로리를 소모하기 위해 하는 신체 활동을 줄이도록 격려하고 이를 감독해 주도록 한다. 거식증 환자가 즉시 새로운 식사계획을 따르고, 식습관을 바꾸는 것을 훌륭히 해내리라고 기대하기는 어렵다. 몇 주에 걸쳐서 하루 3회 식사(2회의 디저트 포함)와 3회 간식(나이, 성별, 체질량지수에 따라)을 하는 체계를 점차적으로 확립해 나가야 한다. 거식증 환자의 심리적·생리적 편안함을 위해서는 식사 간격이 일정한 것이 좋다. 따라서 미리 정한 일정에 따라 구체적인 식사를 한다. 간식의 양은 반 혹은 그 이하부터 시작할 수 있다. 환자에 따라서는 정규 식사 외에도 처방에 따른 캔 영양식이가 필요하다. 이럴 경우 거식증 환자에게 신체상태에 따른 의학적인 치료로서 이것이 필요함을 설명하여 받아들이게 해야 한다. 비타민이나 미네랄 등 처방이 필요하지 않은 복합영양제(예, 가나톤, 센트룸 등)를 권장한다. 소아의 경우 성인보다 용량을 적게 한다.

섭식장애 환자가 다량의 야채나 과일로 배를 채우는 것은 삼가게 하고 식사대용으로 하는 야채나 과일은 점차적으로 줄이다 끊도록 한다. 체중증가의 시기 동안, 과일과 야채는 총 칼로리 측면에 거의 영향을 미치지 않는다. 그러므로 바나나를 포함한 과일은 추가 간식으로 간주한다. 체중증가를 도모하는 시기에는 환자가 원한다면 하루 과일 한 조각을 추가로 허용하고 이는 추가 야채로 생각한다. 섭식장애 환자는 과다한 수분섭취를 하여 배를 채우려 하거나 이를 통해 식후 구토를 쉽게 유도하려 할 수 있다. 식사와 함께라면 물 한 컵(200cc) 정도가 적절하며 청량음료는 금하고 카페인은 적정량만 섭취한다. 때로 칼로리를 과다하게 설정하거나, 반대로 칼로리 고려 없이 재섭식치료를 진행하는 것은 치료에 도움이 되지 않을 수 있다.

　치료를 진행하면서 거식증 환자가 고수하고 있는 식사에 관한 엄격하고 완고한 규칙을 점차 줄여 나가야 한다. 최대한 빠른 속도로 체중을 늘려 나가는 것을 목표로 할 때 우리는 다음과 같은 식사를 권장하는데, **열량별 하루 식단의 예**(조리방법에 따라 열량의 차이는 조금 있을 수 있음)를 들어 보면 다음과 같다(서울백병원 영양부).

　◆ 하루 1600kcal 식단

		아침	간식	점심	간식	저녁	간식
첫 번째 단계	1	밥 2/3공기 북어계란국 1/2그릇 불고기 5~6점 가지나물 콩나물무침 김치 귤 2개		밥 2/3공기 된장찌개 갈치무조림 1토막 달걀찜 1개 시금치나물 김치 사과 1/3개		밥 2/3공기 무고깃국 1/2그릇 가자미구이 1토막 콩조림 2순가락 죽순야채볶음 김치 우유 1개	

	2	밥 2/3공기 콩나물국 닭찜 1토막 김구이 상추겉절이 김치 두유 1개	밥 2/3공기 곰국 1/2그릇 달걀찜 1개 진미채무침 5-6점 돌나물무침 김치 딸기 7개	밥 2/3공기 배춧국 등심구이 1장 생선전 1토막 애호박볶음 김치 토마토 2개
	3	밥 2/3공기 시금칫국 굴비구이 1마리 오이생채 얼갈이나물 김치 우유 1개	밥 2/3공기 김치찌개 두부부침 1/5모 물오징어숙회 5~6점 열무된장나물 김치 참외 1/2개	밥 2/3공기 순두부찌개 1/2그릇 제육볶음 5~6점 고구마순볶음 단깻잎나물 김치 오렌지 1/2개
두 번째 단계	1	밥 2/3공기 무고깃국 1/2그릇 두부조림 1/5모 가지나물 시금치나물 김치 요거트 1개	떡볶이 1/2인분 순대 1/2인분 어묵국 1꼬치 자두 1개	밥 2/3공기 아욱국 북어포무침 5~6점 고등어김치조림 1토막 양상추샐러드 김치 키위 1개
	2	밥 2/3공기 미역국 닭갈비 5~6점 쑥갓나물 느타리색채 김치 포도 1/2송이	비빔밥 (밥 2/3공기 고기 달걀 프라이 각종 나물) 김치 요구르트 1개	물냉면 1인분 김치 수박 1쪽

◆ 하루 1800kcal 식단

		아침	간식	점심	간식	저녁	간식
첫 번째 단계	1	밥 2/3공기 북어계란국 1/2그릇 불고기 5~6점 가지나물 콩나물무침 김치 귤 2개		밥 2/3공기 된장찌개 갈치무조림 1토막 달걀찜 1개 시금치나물 김치 사과 1/3개, 우유 1개		밥 2/3공기 무고깃국 1/2그릇 가자미구이 1토막 콩조림 2순가락 죽순야채볶음 김치 두유 1개	
	2	밥 2/3공기 콩나물국 닭찜 1토막 김구이 상추겉절이 김치 우유 1개		밥 2/3공기 곰국 1/2그릇 달걀찜 1개 진미채무침 5-6점 돌나물무침 김치 딸기 7개		밥 2/3공기 배춧국 등심구이 1장 생선전 1토막 애호박볶음 김치 요거트 1개, 토마토 2개	
	3	밥 2/3공기 시금칫국 굴비구이 1마리 오이생채 얼갈이나물 김치 우유 1개		밥 2/3공기 김치찌개 두부부침 1/5모 물오징어숙회 5~6점 열무된장나물 김치 참외 1/2, 요구르트 1개		밥 2/3공기 순두부찌개 1/2그릇 제육볶음 5~6점 고구마순볶음 단갯잎나물 김치 오렌지 1/2개	

두 번째 단계	1	밥 2/3공기 무고깃국 1/2그릇 두부조림 1/5모 가지나물 시금치나물 김치 두유 1개	떡볶이 1/2인분 순대 1/2인분 어묵국 1꼬치 자두 1개 우유 1개	밥 2/3공기 아욱국 북어포무침 5~6점 고등어김치조림 1토막 양상추샐러드 김치 키위 1개
	2	밥 2/3공기 미역국 닭갈비 5~6점 멸치볶음 2숟가락 느타리색채 김치 포도 1/2송이	비빔밥 (밥 1공기 고기 달걀 프라이 각종 나물) 김치 요구르트 1개	물냉면 1인분 김치 우유 1개 수박 1쪽

◆ 하루 2000kcal 식단

		아침	간식	점심	간식	저녁	간식
첫 번째 단계	1	밥 1공기 북어계란국 1/2그릇 불고기 5~6점 가지나물 콩나물무침 김치 귤 2개		밥 1공기 된장찌개 갈치무조림 1토막 달걀찜 1개 시금치나물 김치 사과 1/3개, 우유 1개		밥 1공기 무고깃국 1/2그릇 가자미구이 1토막 콩조림 2숟가락 죽순야채볶음 김치 두유 1개	

	2	밥 1공기 콩나물국 닭찜 1토막 김구이 상추겉절이 김치 우유 1개	밥 1공기 곰국 1/2그릇 달걀찜 1개 진미채무침 5~6점 돌나물무침 김치 딸기 7개	밥 1공기 배춧국 등심구이 1장 생선전 1토막 애호박볶음 김치 요거트 1개, 토마토 2개
	3	밥 1공기 시금칫국 굴비구이 1마리 오이생채 얼갈이나물 김치 우유 1개	밥 1공기 김치찌개 두부부침 1/5모 물오징어숙회 5~6점 열무된장나물 김치 참외 1/2, 요구르트 1개	밥 1공기 순두부찌개 1.2그릇 제육볶음 5~6점 고구마순볶음 단깻잎나물 김치 오렌지 1/2개
두 번째 단계	1	밥 1공기 무고깃국 1/2그릇 두부조림 1/5모 가지나물 시금치나물 김치 두유 1개	떡볶이 1/2인분 순대 1/2인분 어묵국 1꼬치 우유 1개 자두 1개	밥 1공기 아욱국 북어포무침 5~6점 고등어김치조림 1토막 양상추샐러드 김치 키위 1개
	2	밥 1공기 미역국 닭갈비 5~6점 멸치볶음 2순가락 느타리색채 김치 포도 1/2송이	비빔밥 (밥 1공기 고기 달걀 프라이 각종 나물) 김치 요구르트 1개	물냉면 1인분 김치 우유 1개 수박 1쪽

매주 계획한 목표에서 식사를 얼마나 달성했는지 함께 평가하고, 한 주의 식사계획을 적어 나가 보도록 한다. 그리고 다음번 식사계획을 논의할 때 이를 참고한다.

식사가 계획대로 되고 있는지를 판단하는 가장 중요한 기준은 신체 위험도가 얼마나 감소했는지다. 환자가 의도적으로 속이려는 행동(체중 측정 직전에 물을 많이 마시거나 옷 속에 무거운 물건을 넣는 등)을 할 수 있으므로 의학적으로 정밀하게 신체 위험도 측정을 하는 것이 필요하다.

거식증 회복에서의 최종 목표는 환자가 사회적 역할에 부합하는 사교적인 식사를 정상적으로 할 수 있게 하는 것이다. 이 목표를 위해서 함께 카페에서 간식을 먹고 와 보는 경험을 하는 것이 도움이 된다. 이 때는 환자가 익숙한 음식을 선택하도록 하고 다음번에는 환자가 새로운 간식을 선택해 보도록 격려한다. 식사에 대해 좀 더 유연해지기 위해서는 장소와 시간을 달리하여 식사해 보게 하는 것도 좋다. 처음에는 계획한 도시락과 디저트를 야외에서 먹어 보는 정도로 시작한다. 그런 다음 식당에서 메뉴를 보면서 뭘 먹을지 선택해 보는데, 이때 환자의 결정을 안심하게 하면서 도와줄 수 있다. 환자가 요리의 특정 재료를 먹는 데 큰 어려움이 있다면 식당 주방에 그 재료는 빼고 요리해 달라고 요청하여 환자가 좀 더 편히 먹을 수 있게 돕는다.

2) 식사 격려하기

만약 환자가 자신의 건강상태를 제대로 인식하지 못하고 행동 통제도 불가능하다면 문제가 되는 섭식행동을 제한할 수 있는 입원치료 등의 방안을 환자와 함께 논의하여 결정한다. 다른 병과 마찬가지로 건강 회복을 위해서 때로는 먹고 싶지 않은 약을 먹어야 할 필요가 있음을 알린다. 음식이 섭식장애 환자에게는 회복을 도와줄 약임을 인식하도록 하며, 어떤 약물은 부작용이 있거나 먹기 힘들 수 있으나 회복을 원한다면 이를 극복하기 위해 최선을 다해야 함을 강조한다.

3) 식사태도의 변화를 유도하는 기법

다음은 식사 격려를 위해 사용되는 기법이다. 이들 기법은 그간 환자가 고수해 온 식사 관련 규칙을 완화하기 위한 것이다.

(1) 식사계획 미리 세우기

이때 화이트보드 등을 이용해서 어떻게 할지에 관한 계획을 시각화해 본다. 그런 다음 다음과 같은 구체적인 언급을 통해 식사 지도를 한다.

- 우리 어제 이 계획을 세웠었지.

- 여기에 대해서는 바꾸지 않기로 약속했다.

- 식사계획은 식사시간이 아닐 때만 이야기하기로 하자.

- 다음번 식사계획은 언제 짤까, 혹은 매주 토요일에 짜기로 하자.

- 이 식사 후에 네가 말하고 싶은 것을 적어서 다음 식사계획을 할 때 이야기하자.

계획을 세운 다음에는 환자가 수용할 수 있는 적합한 목표를 설정한다. 이때 부모는 거식증 환자와 함께 간식을 먹으면서 계획을 공고히 할 수 있다.

(2) 달성 가능한 목표를 통해 성공을 경험할 수 있도록 하기

그 어떤 것보다도 동기부여가 되는 것은 해냈다는 느낌이다. 따라서 달성 가능한 목표를 세우는 것부터 시작해야 한다. 이때 함께 자세한 세부 내용을 토론하며 구체적인 계획을 세워 나가는 것이 가장 중요하다. 단, 달성해도 성공이라는 느낌이 들지 않는 너무 쉬운 목표는 세우지 않도록 한다. 환자와 함께 계획의 세부 내용을 토론할 때 목표달성이나 체중증가에 실패했거나, 신체적 위험을 줄이기 위해 입원이나 행동제한이 필요하다면 이를 부드럽게 지적한다. 목표는 환자가 계획한 활동을 시도하는 것이다. 거식증 식사치료에서는 계획을 잘 짜서 시작하는 부분이 계획대로 실행을 마치는 부분보다 더 중요할 수 있음을 기억하자.

다음은 변화과정에 있는 거식증 환자 식단의 예다.

◆ 치료 초기의 식사 형태

일	시간	먹은 음식	느낌
1일	11:00	사과 1.5개, 우유 1잔, 미숫가루, 단백질 파우더 3스푼, 토마토, 오렌지주스 1잔	
	13:00	초콜릿 1개	
	14:00	오레오쿠키 1/2개, 우유 1개	초콜릿을 먹은 이후로 과자가 엄청 당김. 많이 먹어서 짜증이 남
	16:00	찹쌀떡 2개, 주스 1잔	
	18:00	커피 1잔	
2일	11:00	땅콩, 아몬드캐슈넛 100g, 우유 1잔, 사과 1개	견과류를 좀 많이 먹음
	14:00	떡볶이 1인분, 어묵 1/2개	계속 식욕이 당겨서 먹음
	15:00	팥빙수 1개	
	16:00	커피 1잔	
	18:00	초콜릿 1개	먹었는데 왜 또 먹어?
3일	11:00	사과 1개, 우유 1잔	
	13:00	흑임자 1공기, 김치, 두부 1/2모	
	15:00	쿠키 1개, 주스 1잔, 치즈케이크 1개	
	16:00	커피 1잔, 다이제스티브 1/2봉, 초코칩쿠키 1/2봉, 치즈쿠키 1/2봉, 땅콩 쿠키 1/2봉	그동안 하지 않던 폭식습관이 튀어나와 심하게 폭식함. 과자가 미친 듯이 당겨서 편의점, 빵집에 가서 많은 양을 사 먹음
	17:00	초콜릿 1/2개, 호두크림빵 1/2개, 우유 1잔	과자 욕구 억눌렀나?

◆ 치료 6주 후의 식사 형태

일	시간	먹은 음식	느낌
1일	8:00	밥 1공기, 해장국, 장조림, 멸치볶음, 깻잎나물, 가자미구이	
	간식	사과 1/2개, 요거트 1개, 오렌지주스 1/2잔	
	12:30	흑미밥 2/3공기, 감잣국, 콩장, 멸치볶음, 김치, 불고기, 삼치구이	
	간식	새우과자 1/2봉지, 사과 1/2개, 우유 1/2잔	
	18:00	죽 1그릇, 김치, 미트볼조림, 된장국, 배추된장무침	
	간식	곡물쿠키 1개, 오렌지주스 1/2잔	
2일	7:30	밥 1/3공기, 된장국, 장조림, 가자미구이, 김치, 브로콜리무침	
	간식	사과 1/2개, 포도 1/2송이	
	13:00	콩밥 1/3공기, 아욱국, 닭갈비, 애호박전, 무미나리생채, 김치	
	간식	웨하스 1봉지, 크림빵 1/2개, 두유 1/2잔	
	18:00	옥수수죽 1/2그릇, 콩나물국, 갈비찜, 김치, 쑥갓무침	
	간식	사과 1/2개, 우유 1잔	
3일	7:30	밥 1/3공기, 뭇국, 장조림, 가자미구이, 김치, 브로콜리무침	
	간식	사과 1/2개, 포도 1/2송이	
	13:00	잡곡밥 1/2공기, 된장국, 산적구이, 멸치볶음, 샐러드, 김치	
	간식	웨하스 1봉지, 크림빵 1/2개, 두유 1/2잔	
	18:00	흑임자죽 1/2그릇, 감잣국, 삼치구이, 김치, 참나물, 호빵 1/2개	
	간식	포도 1/2송이, 우유 1잔	

환자의 자가평가	
이번 주 평가	- 먹는 것에 대한 집착이 사라졌다. - 두 끼는 식사를 잘 하고 있다. - 식사와 간식을 규칙적으로 정해진 시간에 먹었다.
다음 주 계획	- 저녁을 밥으로 먹도록 노력해 보자. 용기가 필요! - 단 음식을 아직 많이 먹고 있으니 좀 더 줄이자!

(3) 섭식장애 증상의 발생을 예방하고 목표 설정하기

환자가 거식중의 유혹에 빠질 상황을 미연에 방지한다.

• 식사 후 30분간은 음악을 듣고 그다음 최소 1시간은 화장실에 가지 않기로 약
  속했다.

(4) 허용 한계 설정을 분명히 하기

가장 효과적인 방법은 허용 한계를 차분하게 설득해서 미리 그 한계
에 대해 동의를 받아 두는 것이다. 그리고 거식중 환자에게 필요할 때
마다 다음과 같은 내용을 침착하고 일관되게 언급해 준다.

• 우리는 이렇게 하기로 서로 동의했었지. 여기에 관한 더 이상의 논의는 이번이
  아니라 다음번에 하자.
• 일주일에 얼마씩 체중을 늘리기로 했었지?

- 우리가 계획한 대로 너는 정말 이 식사를 해야만 한단다.
- 나는 여기에 앉아서 네가 계획했던 대로 식사를 다 하도록 도울 거야.
- 다 먹은 후에 우리 산책을 하자. 그리고 약속대로 하기가 왜 그렇게 어려웠는지 그때 이야기해 보자. 그렇지만 지금은 먹는 것에 집중해야 한단다.
- 우리는 계획을 세우는 데만 집착하지는 않아. 우리가 세운 계획을 지금까지 얼마만큼 진행했는지 검토해 보자. 그리고 다음번에 오늘 세운 계획의 실천 정도를 이야기해 보자.

(5) 세부 계획으로 나누어 달성해 보기
큰 계획을 나누어 세부 계획을 달성하도록 노력한다.

- 우리 지난번에 식사를 30분 안에 마치기로 약속했었지. 그럼 밥 1/3공기를 10분 안에 먹는 게 어떻겠니? 내가 5분 남았을 때 알려 주면 되겠니?

(6) 식사 중에는 의견충돌 피하기
식사시간 중에 어떤 사안을 반드시 절충해야 한다면 식사시간이 아닌 다음번 대화 때 다루도록 조율한다. 식사하는 동안에는 침착하고 일관성 있게 다정한 태도를 유지해야 하며, 부모와 치료자로서 거식증 환자를 도와주기가 힘들더라도 거식증과의 전쟁 동안에는 부정적이고 완고한 거식증이 환자에게 들러붙어 있는 상태란 점을 기억하고 인내심을 가져야 한다.

(7) 식사/간식 시간의 충분한 확보로 안정적인 식사를 하도록 돕기

식사시간이 산만해지지 않도록 관심을 기울이고 휴대전화나 다른 사람으로 인해 방해받지 않도록 한다. 부모가 이렇게 할 수 없는 상황이라면 도와줄 다른 사람을 구한다. 거식증 자녀의 식사 담당 혹은 돌봄에 관련한 과제를 다른 사람에게 위임하는 것을 두려워하지 않도록 한다.

(8) 환자가 회복에 반하는 행동을 하면 그것을 객관적으로 언급하기

환자가 속이는 행동이나 거식증적 행동을 했다면 그것에 대한 부모의 생각을 객관적으로 전한다. 이때 환자가 수치심, 모욕감, 당황함을 느끼지 않도록 유의한다. 예를 들면 다음과 같다.

- 네가 음식에 묻은 기름기를 닦아 내는 것을 보았어. 나는 네가 거식증적 행동을 극복하고자 노력하는 것을 보고 싶어.
- 네가 병과 싸우는 것을 봤단다. 그런 너를 돕기 위해 내가 어떻게 하면 좋겠니?
- 네가 브로콜리만 먹지 않고 남겨 놓은 것을 보았어. 나는 네가 깨끗이 남김없이 먹어 거식증과 싸워 이길 수 있었으면 좋겠구나. 좋은 식습관을 들이는 게 중요해.

(9) 환자의 행동을 긍정적이고 구체적으로 평가하기

환자의 행동 중 잘한 부분을 언급할 때는 환자도 느낄 수 있도록 긍정적이고 구체적으로 하여 자신감을 가질 수 있도록 한다.

- 네가 잘하고 있어서 감동했어.
- 잘했구나. 생선은 천천히 먹었지만 밥 먹는 속도는 훨씬 빨라졌구나. 아주 좋아지고 있어.

(10) 계획에 따른 실천을 돌아보는 시간 갖기

식사 직전이나 직후를 피해 되돌아보는 시간을 갖는다. 이때 어떤 것이 잘되고 잘되지 않았는지를 살펴보고 이를 토대로 새로운 계획을 세운다.

4) 식사를 격려하는 기법

다음은 식사치료가 진행되는 동안 특히 어려움을 겪고 있는 부모와 환자를 격려하기 위한 기법이다. 기억해야 할 것은 거식증 환자는 늘 거식증이라는 매력적인 악마를 끼고 있다는 것이다. 이 악마는 곁에서 다음과 같이 속삭이며 식사를 가로막는다. '너는 먹을 필요가 없어.' '너 멍청해? 뚱뚱해지고 싶어?' '너 지금 식사할 때 해 오던 원칙을 깨고 있어!' 부모는 환자를 비난하거나 좌절을 주는 언급을 삼가고 따스함과 사랑을 보여 줌으로써 거식증이라는 악마의 생각과 반대되는 행동을 이끌어 낼 수 있다. 부모가 해야 할 행동과 말은 다음과 같다.

- 먹는 것은 정상적인 것이고 바로 네 몸이 절실히 원하는 거야.

- 모든 사람에게 음식은 절대적으로 필요한 에너지란다.
- 먹지 않으면 몸의 신진대사가 점점 느려지고 말아.
- 정말로 문제가 되는 것은 음식이 아닌 바로 네 감정이란다.
- 거식증이 너를 이기게 내버려 두지 말자.

환자를 편안하고 안심하게 하는 태도, 예를 들면 격려하며 등을 두드리거나, 손을 잡거나, 일상사를 대화하며 긴장을 풀어 주는 것 등이 도움이 된다.

(1) 격려하고 칭찬하기

가능한 한 격려와 칭찬을 많이 한다. 이때 생색내듯이 '잘했어' 혹은 일방적으로 '그러면 안 돼' 등으로 말하는 것은 오만하고 부정적으로 들리므로 주의한다.

- 나는 너를 믿어. 네가 이걸 할 수 있다는 것을 알아.
- 너 지금까지 거식증과 잘 싸우고 있구나. 참 잘하고 있다.
- 네가 거식증적 생각을 극복하고자 많은 용기를 보여 준 것이 너무 기쁘다.
- 계획 세운 것을 지키려는 네 행동은 정말 용기가 있구나.
- 계획을 지키려는 네 노력이 정말 감동적이구나.
- 너는 참 강한 사람이구나. 네가 그렇게 한 것이 정말 장하다.
- 네가 자신의 규칙을 바꾸어 건강을 돌볼 수 있는 유연한 생각을 한 것은 정말

대단하구나.

(2) 문제 발생 시 권위 있는 대상을 끌어들이기

자녀와 전쟁이 벌어질 것 같으면 의사나 치료자 등 권위 있는 대상을 끌어들이고 자신은 한발 물러서도록 한다.

- 의사 선생님께서 너와 음식에 대해 오랜 시간 논쟁하지 말라고 하셨다.
- 이걸 할지 말지는 네 생각에 달렸어. 하지만 네가 이걸 하는 것은 의사 선생님 얘기대로 네 건강을 위해서야.
- 만약 네가 아무것도 먹지 않기로 한다면 넌 입원하게 될 거야. 그럼 네 자유가 상당 부분 사라질 거야.
- 엄마에게 필요한 영양 정도와 네게 필요한 영양 정도는 달라. 영양 요구량은 나이와 체중에 따라서도 달라. 그리고 성별이 다르다면 가족 간에도 서로 먹는 것을 비교하는 것은 맞지 않아.

(3) 화가 난 상황에서 감정적인 행동 삼가기

아무리 화가 나고 실망스럽더라도 부모는 불안과 분노를 다스려야 한다. 부모가 불안해지면, 섭식장애 자녀의 불안은 그에 비례해서 상승한다. 10까지 센 다음 5회 심호흡을 한다. 조용한 음악을 들으면 마음의 평화를 되찾는 데 도움이 된다. 먼저 부모가 침착함을 되찾은 다음에 자녀와 대화해야 감정적인 반응을 줄일 수 있다.

(4) 환자의 확인 요구에 말려들지 않기

환자가 불안해서 계속 확인을 요구할 때 이에 말려들지 않도록 주의해야 한다. 이때 괜한 안심을 하도록 하는 말은 피한다. 힘들겠지만 마음이 편하고자 어려운 상황을 회피하고 쉬운 해결책을 선택하지 않도록 한다.

(5) 식사시간에 긍정적인 대화하기

식사시간 중에 긍정적이고 따뜻한 내용의 대화를 하는 것은 매우 중요하다. 식사 중에는 비난이나 적대적인 언급은 절대 삼간다. 음식을 가지고 장난하고 시간을 끄는 행동은 누구라도 실망스럽고 짜증 나는 일로 부모는 특히 매일, 매 끼니마다 성인군자와 같은 참을성을 발휘해야 할 상황에 놓인다. 따라서 부모 일방이 혼자서 매일 감당하기는 어려우므로 다른 사람과 이 역할을 나누도록 한다. 부모처럼 할 수 있는 사람은 찾기 힘들겠지만 가족 내의 누군가와 공동 역할을 맡아 스트레스를 조금이나마 줄이도록 한다.

식사하는 동안 환자에게 해야 할 말과 하지 말아야 할 말을 정리해 보면 다음과 같다.

환자에게 하지 말아야 할 말 (단, 꼭 해야 한다면 목소리 톤을 조절한다.)	환자에게 침착하게 해야 할 말
왜 다 안 먹었니?	너는 다 먹을 거라고 말했지. 제발 다 먹어 보자. 나는 네가 할 수 있을 거라는 걸 알아.
한 입만 더 먹으면 다 먹을 수 있잖아.	네가 도움이 필요한 것을 알고 네가 할 수 있다는 것도 알아.
이리 와! 다 먹고 가. 참고 다 먹어.	이게 어려운 것도 알지만 네게 할 수 있는 용기가 있다는 것도 알아.
말도 안 되는 소리 하지 마.	거식증 악마의 말을 듣지 않도록 하자.
이 음식들 준비하느라고 몇 시간이나 걸렸어!	네 건강과 영양 상태를 회복하기 위해 우리는 많은 노력을 들였단다.
아프리카의 굶어 죽는 아이들 생각 좀 해 봐!	또다시 너와 논쟁하고 싶지는 않다. 영양 측면에서 좋은 치료를 계속하자.
네가 음식을 가지고 이딴 짓을 하느라 시간을 보내는 것을 보면 미치겠다.	우리 45분 안에 식사를 마치기로 했지. 15분이 지났어. 내가 다시 데워 줘야 할까?
도대체 네가 얼마나 먹었는지 좀 봐라. 너 도대체 네가 뭐라고 생각하니? 너 생쥐니?	네가 먹은 건 네 필요량에 비해 너무 적어. 조금만 더 먹어 보자.

7. 부모에게 힘을 주기 위하여

1) 거식증 자녀의 좋은 부모란

부모는 자녀의 회복을 위해 치료과정에서 그때그때 역할을 바꾸어 나가야 한다. 거식증 자녀가 어디로 가야 할지, 어떻게 해야 할지 모를 때 부모는 안내해 주고 격려해 주는 역할을 해야 한다. 거식증 자녀가 스스로 잘 조절하고 있을 때라면 조용히 곁에서 뒤따라가 준다. 예를 들어, 거식증 자녀의 식사 시간 30분 전마다 자녀의 불안을 줄이고 식사할 용기를 북돋아 주기 위해 침착한 격려의 메시지를 보낼 수도 있다. 다음의 사례를 살펴보자.

사 례

중학교 1학년인 12세 여학생 E는 치료 전 기간 동안 어머니의 적극적인 치료 동참으로 회복에 큰 힘을 얻었다. E는 절식, 저체중, 운동과다 등을 증상으로 내원하였다. 당시 신장 160cm에 체중은 38.3kg의 심한 저체중 상태였으며, 내원 9개월 전부터 거식 증상이 나타났다. 초등학교 6학년 때 56kg까지 나간 적이 있었으나, 학원 친구로부터 '뚱뚱하다'는 놀림을 받은 후 살을 빼고자 체중감량을 시작했다. 체중감소와 함께 생리도 멈추었다.

다른 종합병원에 입원하여 치료를 받았으나 퇴원 후 '먹기 싫은 걸 억지로 먹느니 죽는 게 낫다'는 생각으로 자살 시도를 하였다. 이에 보호병동에 2개월간 다시 입원하였으며 타 질환의 성인 환자와 함께 생활하면서 매우 불안해하였다. 이후 본 클리닉으로 전원한 E는 입원치료에 대한 거부감이 커 통원치료를 시작했다.

그간 어머니는 자녀를 병원에 입원만 시키면 저절로 나을 거라 여겼으나 2차례의 입원치료가 실패로 끝나자 매우 좌절한 상태였다. E는 거식증으로 인해 학교 수업을 따라갈 수 없자 휴학을 하였고 어머니도 E를 돌보고자 휴직하였다. 치료자는 가족치료를 시작하였고 어머니로 하여금 환자의 식사 계획수립과 식사행동 실천에 적극 참여하게 하였다. 그 결과 어머니와 E는 일주일에 2회씩 식사의 메뉴와 간식을 같이 계획하고 실천해 나가게 되었다. 치료 초기에는 치료자가 제시한 적정 섭취 칼로리 범위 안에서 식사는 어머니가 준비하고 간식은 E가 원하는 음식으로 하였다. E는 어머니의 감독하에 식사를 잘 수행하였고 주 0.5kg씩 꾸준히 체중이 증가했으나 과일 이외의 간식에 대한 두려움은 지속되었다.

치료 중반에 들어서자 E는 간식 섭취에 대한 두려움으로 체중이 정체되는 현상을 보였으며 간혹 감정조절의 어려움으로 인해 자해를 하는 경우도 있었다. 거식증 치료가 순조롭게 진행되는 경우도 있지만 이처럼 회복 과정에서 어머니와 자녀가 모두 지치는 상황도 온다.

    E   : 저도 제가 왜 그런지 모르겠어요. 엄마가 잘해 주시는 거 알면
        서도 무언가를 하지 못하게 하면 짜증이 나고 화가 나고 그래서
        마구 대들게 돼요.
    어머니: 많은 시간을 컴퓨터 앞에 앉아 게임을 하거나 음식 블로그에 빠
        져 시간을 보내길래 저도 모르게 화를 냈어요. 너무 속이 상했
        어요. 서로 감정이 격해져서 힘들었어요.
    치료자: 그 상황을 두 분은 어떻게 견디셨나요?
    어머니: 제가 이런데 아이는 얼마나 힘이 들고 스트레스가 많겠어요. 제
        가 아이의 힘든 상황을 공감해 주지 못한 게 미안했어요. 그래
        서 잘 견뎌 주어 고맙다 표현하고 칭찬해 주고서 둘이서 손잡고
        많이 울었어요.
    E   : 엄마와 이야기를 나누며 같이 울 수 있어서 좋았어요. 제가 컴
        퓨터 하는 시간을 줄이기로 했어요.

    치료 후반으로 진행되면서 E의 체중은 48.8kg까지 회복되었다. 어머
니는 자녀가 감정적으로 불안할 때 대화를 많이 시도함으로써 치료 상
황을 견딜 수 있도록 잘 지지해 주었다. E는 어머니와 함께 교회 수련회
를 다녀오기도 하였다. 이전에는 수련회에 가면 운동을 빠지게 되고 간

식 먹는 문제로 불안하여 꺼렸으나 치료 후반에 들어서 용기를 내어 시도해 보기로 한 것이다. 수련회를 다녀온 E는 한층 안정되고 여유가 있었다.

E   : 수련회에 가면 간식을 줄 때가 많은데 간식을 보자 어떻게 먹어야 할지 몰라 불안해졌어요. 먹으면 안 될 것 같은 기름진 음식과 과자 때문에 긴장이 됐어요.

어머니: 수련회 프로그램에 잘 참여하다가 저녁에 주변에 먹을 것이 진열되고 간식시간이 되자 안절부절못하며 저만 쳐다봤어요. 그래서 아이와 함께 있으면서 계속 이야기를 나누고 적절한 양으로 먹을 수 있도록 격려했어요. 그러고 나니 차분해졌고 간식도 잘 먹었는데 얼마나 장했는지 몰라요.

치료자: 수련회에서 아주 의미 있는 극복을 했네요. 어머니의 역할이 극복에 큰 힘이 되었습니다.

이후에도 어머니는 일관되고 적극적인 태도로 치료에 참여하였으며 E의 체중도 안정적으로 회복되어 치료 종결을 앞두게 되었다.

치료자: 그동안 어머니의 역할이 E의 치료에 큰 힘이 되었습니다. 어머니도 힘든 과정을 잘 견디시며 지켜오셨어요.

어머니: E가 이 병에서 헤어나지 못하고 있을 때, 저도 정말 절망의 늪에 빠져 있는 상태였죠. 아이에 대한 죄책감이 많이 들었지요. 그러나 제가 힘을 내지 않으면 안 될 것 같았어요. 아이가 힘들어하고 감정적으로 많이 불안해할 때 옆에 있어 주면서 아이와 이야기를 많이 나누고 공감해 주었어요. 조금만 잘 견뎌도 칭찬을 많이 해 주고 격려를 아끼지 않았어요.

치료자: 그런 것들이 E에게 큰 도움이 되었군요. 여기까지 와 보니 지금은 어떤 기분이신가요?

어머니: 늪에서 빠져나온 기분이고 한동안 악몽을 꾼 느낌이에요. 다른 거식증 환자와 부모님께도 용기를 잃지 않고 치료하면 정말 좋아질 수 있다는 걸 알려 주고 싶어요.

이후 치료자는 부모에게 거식증 재발의 징후를 인지하게 하고 자녀의 체중을 안정적으로 유지하도록 당부한 후 가족치료를 종결하였다.

2) 부모 자신을 돌볼 것

섭식장애는 가정생활을 산산이 무너뜨리고 온 가족을 지치게 만드는 경우가 많다. 어떤 가족 구성원은 스스로 버텨 내기 위해 자기만의 세계로 숨어 버리는 경우도 종종 있으며, 대다수 부모는 자신을 충전

할 시간을 내지 못해 많은 어려움을 겪는다. 섭식장애의 증상은 가정 내 모든 측면에 영향을 주고, 가족에게 무거운 짐을 지우며, 회복에 오랜 시간과 노력을 요한다. 이런 스트레스 상황에서 부모는 술로 잊어버리려 한다든가 사회활동과 외부활동을 피한다든가 하는 쪽으로 선택하는 경향이 있다. 그러나 이같이 자기 자신을 돌보지 않는 행동에 빠지면 부모는 쉽게 탈진할 수 있으므로 이를 피하기 위해 스스로를 돌보고 자신의 생존 전략을 짜서 장기적이고 효과적으로 환자를 도와줄 수 있는 방안을 강구하여야 한다.

누군가를 돌본다는 것은 큰 부담이 되는 일이다. 어떤 부모는 정기적으로 상담을 받거나, 정신치료를 받거나, 항우울제를 복용하기도 한다. 이때 환자와 함께하는 가족치료나 다른 섭식장애 환자의 가족과 함께하는 가족치료가 큰 도움이 되며, 이런 활동을 통해 부모 또한 격려와 지지를 받아야 한다.

부모가 할 수 있는 가장 필요하고 효과적인 방법은 매주 한두 가지의 즐거운 일을 계획하는 것이다. 예컨대 친구를 만나거나 취미활동을 할 수 있다. 부모는 특히 자신도 즐거움과 개인적 성취를 누릴 권리가 있음을 분명히 알아야 한다.

섭식장애는 하루아침에 변화가 일어나지 않는다. 따라서 부모는 가족이 질병으로 인한 부담에서 서서히 벗어날 수 있도록 환자의 독립성을 강화하는 점진적인 목표를 세우도록 한다. 정기적으로 환자와 진행 경과를 점검하며, 환자가 매우 미미하게 향상했더라도 달성한 것에 대해 격려를 하여 계속 나아갈 수 있도록 한다.

3) 다른 가족을 돌볼 것

섭식장애를 가진 자녀가 있다면 그 외 다른 자녀나 가족을 돌볼 시간을 충분히 확보하기 어렵다. 또한 부모 자신의 스트레스가 넘쳐 다른 가족에게 불필요한 짜증을 내거나 참을성 없이 행동하는 경우도 종종 발생한다. 이런 상황이 지속되면 다른 가족은 방치되거나 무시된다는 느낌을 받게 되어 가족관계가 악화될 수 있다.

형제자매는 자기 나름대로 병을 평가하여 거식증 환자에게 부적절한 화를 냄으로써 앙갚음을 하려 들기도 하는데, 이 경우 환자로 인해 자신이 부모에게 받아야 할 돌봄을 받지 못하는 것에 대해 화가 나기도 하고, 부모가 어려움을 겪고 있는 것이나 섭식장애 행동에 가족의 생활 패턴을 맞추어야 하는 것에 분개하기 때문이다. 혹은 거식증 환자를 돕지 못하는 것에 대해 스스로 자기비난을 하기도 하는데, 이 경우 섭식장애 환자와는 달리 자신은 정상적으로 잘 지내고 있다는 데 대해 죄책감을 느끼기 때문이다.

이러한 가족 내 문제가 있는 경우 이에 적절히 대처하는 것은 매우 중요하다. 어린아이라 할지라도 섭식장애 형제의 치료를 위해 부모와 함께 기다려야 함을 이해하도록 해야 한다. 더불어 부모도 섭식장애 자녀를 돌보면서 다른 자녀가 완전히 방치되지 않게끔 하는 것이 중요함을 인지해야 한다. 이를 성공적으로 해내기 위해서는 다른 가족의 도움을 이끌어 내야 한다. 형제자매는 섭식장애와 직접 관계되는 내용 이외의 사항, 예를 들어 함께 영화 보러 가기, 산책하기, 수영장 함께 다니기, 함께 찻집에 가서 차 마시기 등을 하여 환자와 관계를 유지하면서 중요한 역할을 할 수 있다.

사 례

이 사례는 거식증인 고등학생 언니 F가 섭식장애 치료로 모든 가족의 관심을 집중적으로 받게 되자 동생과 갈등이 발생하고 돌출행동이 나타난 경우다.

"모두가 저에게는 관심도 안 돼요. 모든 게 언니 위주로 돌아가요. 언니가 아픈 건 알지만 언니가 미워요. 언니가 하는 행동을 이해하지 못하겠어요. 외식도 언니가 먹을 수 있는 걸로 정해요. 저는 다른 게 먹고 싶을 때가 많거든요. 그런 일로 저는 야단맞기도 하고 할아버지께 반항했다가 많이 혼나기도 했어요."

치료자는 F의 치료에서 동생을 포함한 가족에게 섭식장애의 증상과 치료과정 등을 자세히 설명하고 이해할 수 있도록 도왔다. 또한 가족치료를 통해 부모는 동생이 원하는 부분에 대해 공감하고 동생도 배려받는 느낌을 받을 수 있도록 해 나갔다. 그럼으로써 F의 치료과정을 순조롭게 진행할 수 있었다.

부모가 기억해야 할 것

모든 섭식장애에 통용되는 치료 처방이란 없다. 환자의 회복과정은 부모의 지도와 안내를 받으며 때로는 지연되고, 때로는 발전해 가는 과정이다. 부모는 좀 더 개방적이어야 한다. 환자와의 관계에서도 서로 존중해 주는 관계를 가져야 한다. 섭식장애라는 악마는 부모와 환자의 치료 유대관계를 분열하고 환자에게 섭식장애에 계속 빠져 있으라고 유혹한다. 회복과정에서 부모는 반드시 일관된 태도를 유지하여야 한다.

'참을성 있게 그리고 침착하게.' 이는 섭식장애를 명명한 영국 런던의 모즐리 병원에서 백 년 넘게 고수한 섭식장애 치료에서 가장 중요한 치료 덕목이다. 당신이 명심할 것은 함께 천천히, 하지만 확실하게, 그리고 침착하고 일관되게 해 나가면 하루아침에는 아니더라도 언젠가는 틀림없이 성과가 나타난다는 것이다.

더 읽을거리

Bloomfield, S. (Ed.). (2006). *Eating disorders: Helping your child recover.* Norwich, UK: EDA.

Bryant-Waugh, R., & Lask, B. (1999). *Eating disorders: A parent's guide.* Hove, East Sussex: Psychology Press.

Collins, L. (2005). *Eating with your anorexic: How my child recovered through family based treatment and you can too.* New York: McGraw-Hill.

Crisp, A. H., Joughin, N., Halek, C., & Bowyer, C. (1996). *Anorexia nervosa: The wish to change.* Hove, East Sussex: Psychology Press.

Lock, J., Le Grange, D., Agras, W. S., & Dare, C. (2001). *Treatment manual for anorexia nervosa: A family-based approach.* New York: Guilford Press.

Natenshon, A. H. (1999). *When your child has an eating disorder.* San Francisco, CA: Jossey-Bass.

Schmidt, U., & Treasure, J. (1993). *Getting better bit(e) by bit(e): A survival kit for sufferers of bulimia nervosa and binge eating disorders.* Hove, East Sussex: Brunner-Routledge.

Smith, G. (2004). *Anorexia and bulimia in the family.* Chichester, UK: Wiley.

Treasure, J., & Alexander, J. (2013). *Anorexia nervosa recovery guide for sufferers, families and friends* (2nd ed). London: Routledge.

Treasure, J., Schmidt, U., & Macdonald, P. (2010). *The clinician's guide to collaborative caring in eating disorders: The new Maudsley method.* London: Routledge.

Treasure, J., Smith, G., & Crane, A. (2007). *Skills-based learning for caring for a loved one with an eating disorder: The new Maudsley method.* London: Routledge

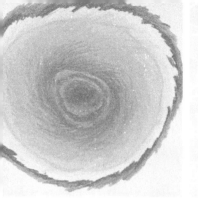

제 3 장

치료자를 위하여

사랑
35세, 여성, 폭식증
"먹는 건 우울함과 애정결핍을 채워
주는 것 같아요. 근데 제게 진짜로 필
요한 건 진짜 사랑 아닐까요?"

1. 섭식장애 환자의 변화를 위한 동기부여치료

1) 섭식장애에서 벗어나는 단계

대다수 섭식장애 환자는 자신이 가지고 있는 섭식문제의 심각성을 인식하지 못한다. 환자는 대부분 섭식 관련 문제를 강력히 부인하거나, 현저히 마른 상태임에도 계속해서 살을 빼려는 행동을 보인다. 주위 사람은 환자의 이러한 행동이 환자가 건강을 개의치 않고 위험한 상태를 초래하는 것이기에 거식증에서 회복해야 하는 명백한 이유로 인식해야 한다. 하지만 정작 환자는 그렇게 생각하지 않기에 치료의 필요성을 느끼지 못한다. 반면 이런 환자를 지켜보는 가족은 염려와 불안이 더해 가 환자의 행동을 고치려는 시도를 한다. 그렇지만 환자의 섭식행동을 직설적으로 반박하면 오히려 환자와 갈등이 생기고 저항을 불러올 수 있다.

거식증 환자는 부모나 치료자와의 마찰과 갈등을 피하고자 종종 마음속 분노나 반항을 직접 표현하기보다 표면적으로 순종하는 듯한 태도를 보인다. 부모나 치료자는 이를 환자가 수긍하고 이해하는 것으로 오인하는 경우가 많은데 실제로는 증세가 악화되고 있을 수 있다. 따라서 이때 치료자는 거식증에서 벗어나야 하는 명백한 이유를 제시하는 입장이 아니라 환자의 심리상태를 이해하여 환자의 행동을 바꾸고자 노력해야 한다.

우선 주위 사람에게는 거식증에서 벗어나야 하는 명백한 이유로 보이는 행동이라 하더라도 환자는 그렇게 인식하고 있지 않다는 것을 알아야 한다. 환자는 섭식장애가 있다는 점에 수치감과 당혹감을 느끼고 있고, 회복을 원하는 마음과 현 상태를 유지하고 싶어 하는 마음을 동시에 가진 경우가 흔하다. 특히 환자가 자신의 감정을 조절하는 게 쉽지 않은 상태이거나, 충동적이거나, 섭식장애가 수년 이상 지속되어 온 경우라면 더욱 그러하다. 그러나 섭식장애가 좋아지려면 무엇보다도 환자 스스로가 바뀌어야 한다.

행동을 바꾼다는 것은 일견 단순한 것처럼 보이지만 흑백의 극명한 전환이 아니다. 행동만 보면 갑자기 변한 것처럼 보이지만 그 과정 동안 마음속에서는 여러 변화의 단계를 거친다. 상점에서 물건을 살 때를 생각해 보자. 점원의 어떤 말에 내 마음이 가장 영향을 받을지 생각해 보자. 점원의 일방적이고 직설적인 설명일까 혹은 내 관심에 대한 경청과 내가 겪고 있는 선택의 어려움에 대한 공감일까? 아마도 후자의 경우가 고객의 지갑을 여는 데 훨씬 강력한 힘을 발휘할 것이다. 완고한 섭식장애 환자를 바꾸는 것도 이와 마찬가지다. 정신질환 중에서 환자의 행동을 바꾸어 치료를 하는 대표적인 예는 알코올 의존증이다. 알코올 의존 환자의 행동은 술을 끊는 것과 마시는 것 두 가지로 요약할 수 있다. 술을 끊는 것은 단순한 과정 같지만 환자는 의존해 오던 술을 더 이상 마시지 않아야 함을 쉽게 납득하지 못하고 이후 필요성을 느끼더라도 행동으로 옮기기 어렵다. 마찬가지로 섭식장애도 단순히 '정상적으로 먹고/먹지 않고'의 문제로 보이지만 섭식장애의 증상을 벗어 던지는 과정은 다양한 단계를 거친다.

　변화를 겪은 환자에게 병의 변화 전환점이 어떤 식으로 다가왔는지 묻자 환자들은 다음과 같이 답했다.

- 저는 해외유학 중에 폭식증이 찾아왔는데 그때는 혼자서 많은 노력을 해도 그 순간뿐이었어요. 저에게 가장 큰 힘이 된 것은 귀국해 가족과 같이 지내면서 제 병을 알리고 심리적 안정을 찾게 된 점이었어요. 처음에는 가족에게 제 병을 알리는 게 두렵고 수치스러웠지만 가족의 도움과 지지 때문에 이렇게 빨리 회복할 수 있었어요.
- 저는 남자임에도 섭식장애가 찾아왔어요. 내 모든 인생을 뒤흔들어 놓은 이 섭식장애는 꼭 넘어야 할 관문 같았어요. 그래서 이 증상을 해결하지 않고서는 어

떤 것도 이룰 수 없을 거라고 생각했어요.

변화의 시작은 변화에 대한 동기를 갖는 데서 비롯된다. 동기부여는 자신이 왜 그리도 이 병을 붙들고 있는지, 무엇이 건강한 삶으로의 전환을 가로막고 있는지를 살펴보는 데서 시작된다. 환자가 행동을 바꾸는 데 필수적인 요소는 첫째, 문제의 중요성을 깨닫고 바뀔 필요를 느끼는 것, 둘째, 성공적인 행동 변화의 필수요소인 자신감과 자기 존중감을 깨닫는 것이다. 동기부여를 통해 환자는 자신이 겪는 문제의 가장 전문가는 바로 자기 자신임을 깨닫게 된다.

2) 동기부여를 통한 단계적 변화 과정

동기부여치료에서는 행동의 변화가 단번에 일어나는 것이 아닌 과정(process)을 통해서 이루어진다고 본다(Prochaska & DiClemente, 1983, 1994). 거식증 환자는 자신에게 문제가 없다고 생각하는 경우가 많다. 대부분의 환자는 1단계에서 오직 한 가지 '섭식장애 혹은 다이어트, 칼로리를 상쇄하는 어떤 행동만이 해결책이고 나를 도와줄 수 있는 것'이라 믿는다. 이러한 1단계는 변화 의도가 전혀 없는 '고려 전 단계(precontemplation)'다.

2단계에서는 두 마음을 가지게 된다. '섭식장애 혹은 다이어트, 칼로리를 상쇄하는 어떤 행동'으로 인해 잃고 있는 점을 생각하기 시작하지만, 한편으로는 이런 행동을 통해 지금까지 얻은 점도 생각한다. 이 두 마음 사이에서 고민하는 한편, 자신이 진정 원하는 것이 무엇인지에 대해 심각한 혼돈에 빠지기도 한다. 이러한 2단계는 두 마음 사이에서 갈등하는 '고려 단계(contemplation)'다.

3단계에서 환자의 갈등은 결국 거식증이라는 병을 떨쳐 버리느냐 그렇게 하지 못하느냐 가운데 하나로 결정된다. 이 병으로 인해 잃고 있는 점에 대한 깨달음이 그간 누려 온 장점을 앞지른다. 이러한 3단계는 '준비/결정 단계(preparation/determination)'다.

4단계는 환자가 그동안 해 온 행동을 바꾸어 가는 단계다. 고수해 온 섭식조절 행동을 바꾸기 시작하고 지금까지와는 다른 방법으로 대처해도 살아 나갈 수 있다는 믿음이 쌓이기 시작한다. 이 단계는 주변의 적극적인 격려와 도움이 가장 필요한 시기다. 이러한 4단계는 '실천 단계(action)'다.

5단계는 변화된 행동을 유지해 나가는 시기다. 이러한 5단계는 '유지 단계(maintenance)'로 각 단계를 통해 습득한 변화된 행동과 생각을 강화하고 좀 더 장기적으로 유지하기 위해 노력하는 단계다.

우리에게 처음 내원하는 환자 대부분은 고민 단계인 고려 단계에 있다. 이때 환자는 자신에게 뭔가 문제가 있을 거라 생각은 하지만 과연 이상섭식행동을 하지 않고 살 수 있을지 혹은 진정 자신이 원하는 것이 무엇인지는 모르고 있다. 부모가 거식증 자녀를 다루기 가장 어려운 단계는 '고려 전 단계'다. 이들 단계 사이를 수차례 왔다 갔다 하는 것도 흔하다. 만약 환자가 1단계(고려 전 단계)나 2단계(고려 단계)에 있다면 이때 환자에게 행동을 그만두라고 직설적으로 말하는 것은 갈등을 초래할 뿐이다. 예를 들면, '계속 그렇게 하면 결국 넌 죽을 거다.' '이 아버지는 너 때문에 속이 썩어 심장병에 걸릴 거다.'와 같은 압박조의 말투는 거부감만 불러일으킨다. 이 단계의 환자를 돕기란 쉽지 않지만 분명한 것은 이 상황에서도 환자의 단계에 맞는 적절한 도움을 주면 환자가 섭식장애에서 벗어나는 데 큰 역할을 한다는 점이다. 예를 들어, 이 단계에서는 환자의 마음에 대한 공감을 진지하게 표현하고 조용히 어려움을 잘 들어준다면 환자 마음속의 거부감이 줄어든다. 다음은 잘 알려진 〈해님과 바람〉이라는 이솝 이야기다.

해님과 바람

해님과 바람이 내기를 하기로 했어요. 바람은 해님이 힘이 없기 때문에 자신의 승리를 믿었어요.

"내가 세상에서 최고예요."

"바람님, 우리 누가 더 세나 시합합시다."

그때 마침 한 나그네가 걸어가고 있었어요.

"저 사람의 외투를 먼저 벗기기 시합하자."

해님이 자신 있게 제안했어요.

"좋아요."

바람은 자신만만하게 있는 힘을 다해 바람을 불었어요. 그러자 맑은 하늘에 해님은 온데간데없고 바람만 불었어요. 나그네는 옷깃을 더욱 여미며 말했어요.

"아니, 왜 갑자기 이리 춥지?"

바람이 입김을 강하게 불면 불수록 그 나그네는 더욱 옷깃을 단단히 입었어요.

"어휴, 추워. 해님은 어디 갔지?"

"이러다간 날아가겠군."

나그네는 걸음을 멈추고 더욱 옷깃을 여몄어요. 해님이 환한 미소를 띠며 나타났어요.

"이젠 ,제 차례랍니다."

해님이 따스한 햇볕을 비추었어요. 풀이 죽은 바람이 뒤로 물러났어요. 나그네는 땀을 흘리며 말했어요.

"금방 바람이 세차게 불더니 갑자기 햇살이 비추다니 이게 웬일이람?"

나그네는 외투를 벗어 던졌어요. 해님이 방긋 웃으며 말했어요.

"바람아, 이 세상에는 힘만 가지고 안 되는 일도 있단다."

잘난 척하던 바람은 그만 창피해서 도망갔어요.

이 이야기는 환자가 1단계나 2단계에 있을 때 어떻게 환자를 도와 행동을 바꾸어 나갈 수 있을지에 관한 교훈을 준다. 즉, 부모의 권위나 힘으로 밀어붙여 강요당하는 느낌보다는 따뜻함과 이해받고 있다는 느낌을 주어 환자 내부의 저항감이나 부정적 감정을 줄여 주는 것이 도움이 된다.

환자의 다음 단계로의 이행에 힘을 실어 줄 또 다른 중요한 요소는 자신감이다. 공부를 잘하고 싶지만 현재 하위권 성적인 학생에게 부모가 다음 시험에서 전교 1등을 하길 바란다고 한다면 학생은 열심히 공

부하려는 의욕을 갖기보다는 지레 압도당하여 아예 엄두조차 내지 못
한다. 이런 경우 다음 시험에서 10%씩만 점수를 올리는 것으로 적절
히 목표를 정하면 도전 의욕을 고취할 수 있다. 자신감 저하는 섭식장
애를 겪고 있는 사람에게 흔하게 발생하기에 자신도 할 수 있을 것 같
다는 자신감을 고취하는 것은 섭식장애 환자의 치료 회복에서 중요한
요소로 작용한다. 이러한 자신감은 가족과 치료자가 환자의 말을 경청
해 주고 환자가 편안함을 느끼고 상대가 자신을 인정해 준다는 느낌을
가짐으로써 점차 키워 나갈 수 있다.

동기부여치료 면담의 일반 원칙

- 환자의 내적 변화동기를 향상하는 데 초점을 둠
- 환자의 현재 행동이 자신의 목표나 인식과는 괴리가 있음을 인지할 수 있도
  록 함
- 환자의 표현을 선택적 · 반영적으로 청취하고 공감과 수용을 표현함
- 환자의 자기 효용감, 희망, 미래에 대한 긍정과 낙관에 대해 지지함
- 환자의 자존감을 향상함
- 치료자와 환자 간 상호작용의 산물로서 환자는 변화에 대한 준비를 해 나감
- 치료자와 환자 간 상호 협동적인 치료관계를 수립함

출처: Treasure & Schmidt(1997).

3) 변화 조장하기

섭식장애 클리닉에 오는 거식증 환자 가운데 이 병에서 낫겠다는 바람을 갖고 자발적으로 찾아오는 경우는 극히 드물다. 대부분 부모를 따라 억지로 오게 된다. 이때 치료자는 환자가 현재 어떤 상태에 놓여 있고 섭식 문제가 삶에 어떻게 영향을 주고 있는지를 인식할 수 있게 도와야 한다. 이를 통해 환자가 변화의 필요성을 점진적으로 인식하도록 하는 것이 아주 중요하다.

이때 치료자의 개입이 환자의 동기 단계에 맞지 않다면 이는 오히려 역효과를 불러일으킨다(Rollnick, Kinnersley, & Scott, 1993). 동기부여치료는 환자를 변화 주기로 진입시켜 성공적으로 변화를 지속할 수 있게 환자를 격려하고 지원하기 위해 사용하는 기법이다.

동기부여치료에서 가장 중요한 것은 '고려 단계'와 '결정 단계'다. 이때 치료자는 환자로 하여금 다음 두 요소를 생각해 보게 한다.

첫 번째는, 섭식장애가 환자에게 긍정적으로 또 부정적으로 얼마나 영향을 끼쳤는가다. 환자 스스로 섭식장애의 장점과 단점을 점검하게 함으로써 자신의 마음이 얼마나 이 병에 기울어 있는지를 살펴보는 것은 고려 단계에서 결정 단계로 옮겨 가게 하는 전환점이 된다.

두 번째는 환자가 변화를 시도했음에도 실패한 경험이 있는 경우 다시 한 번 그 단계를 시도해 보게 하는 것이다. 결정 단계의 환자는 실천에 옮겨 추진할 힘을 얻게 된다. 이는 과거 경험을 탐색할 수 있게 하여 환자의 변화를 가능하게 만든다.

치료자가 변화의 단계적 진행을 이해한다면 환자가 좌절하지 않도록 배려하며 환자의 변화 단계를 파악하여 공감해 가며 도와줄 수 있게 된다.

2. 동기부여치료에서 고려해야 하는 환자의 심리상태

치료자는 환자의 변화 동기를 분명히 바꿀 수 있다. 치료자는 환자의 치료에 대한 순응과 행동변화에 영향을 줄 수 있다. 치료자가 반박하는 태도로 접근하느냐, 환자 중심적인 태도로 접근하느냐에 따라 치료자는 환자의 저항을 높일 수도, 낮출 수도 있다. 치료자가 첫 치료시간을 마친 후 전화를 하거나 예약확인 메시지를 보내는 것만으로도 환자의 참석률은 현저히 달라진다. 치료자의 환자에 대한 공감은 환자의 치료결과를 좋게 한다. 따라서 치료자가 환자에게 변화에 대한 동기를 부여하는 것은 일차적으로는 환자에게 영향을 줄 뿐 아니라 치료자와 환자의 관계에도 영향을 미친다. 다시 말하면 치료자와 환자의 관계는 환자의 치료저항, 치료순응, 변화에 역동적으로 영향을 미친다. 다음은 동기부여치료에 필요한 핵심 요소다.

1) 공감

치료자의 환자에 대한 공감(empathy)이 환자에게 전달되면 이는 환자의 변화를 촉진한다. 치료자의 공감은 따뜻함, 확언, 희망적 관측 등을 통해 상대에게 전달된다. 이때 치료자는 능숙한 반영적 경청(reflective listening)의 능력을 기본으로 갖추어야 한다. 섭식장애 환자는 전형적으로 변화와 회복 사이에서 망설이는 양가적 태도를 보이기 때문에, 치료자는 환자 행동의 근거에 대한 생각의 틀을 이해하고자 노력하여야 한다.

사 례

대학 2년을 휴학 중인 21세 환자 G는 입원치료를 시작할 당시 신장 164cm에 체중 68kg(체질량지수 25.2kg/m²)이었으며 매일 폭식과 구토를 하는 등 3년 전부터 섭식장애를 겪고 있었다.

G는 지방에서 고등학교 재학 당시 지역의 수재로 소문나 있었으며 서울의 명문대에 입학하였다. 하지만 서울에서 혼자 자취하며 학교를 다니면서 자존감이 현저히 떨어졌고 이를 회복하는 방법으로 무리한 다이어트를 시작하였다. 체중은 급격히 감소해서 결국 40kg이 되었으나, 이후 식욕은 그녀를 그대로 내버려 두지 않았고 얼마 가지 않아 폭식 상황이 찾아왔다. 체중이 늘까 두려워 구토를 시작하게 되었으며 그

렇게 3년이 흘렀다. 입원하기 전 G의 하루 일과는 폭식과 구토의 반복이었으며 학업 수행은 무리였다. 그러는 사이 체중은 증가하여 68kg이 되었다. 입원 후 치료자와 가진 첫 면담에서 G는 아무 말 없이 시선을 떨구고는 힘없이 응시하였다. 치료자가 먼저 말을 건넸으나 별 반응이 없어 그냥 잠자코 기다려 주었다. 한참 시간이 흐른 뒤에 치료자는 조용히 말했다.

"G 씨, 많이 힘들었지요? 지금도 그렇게 보여요. 그런데 당신은 좋아질 수 있어요. 그리고 우리가 도와줄 수 있어요."

그때부터 G는 말없이 눈물만 흘렸다. 그러다가 치료 시간이 끝날 때쯤 다음과 같이 말했다.

"저… 신발 좀 사다 주시면 안 돼요?"

G의 발을 내려다보니 한여름인데도 겨울용의 아주 두툼한 운동화를 신고 있었다. 딸에게 문제가 있음을 뒤늦게 알고 다급히 상경한 어머니가 G를 데리고 급히 병원에 내원했다 경황없이 입원하게 되었기에 신발도 제대로 챙기지 못했던 것이다. 치료자는 G의 요청을 바로 해결해 주기로 약속하였고 그녀는 고개를 떨군 채 치료자에게 말했다.

"돈은 나중에 드릴게요."

이렇게 G는 말문을 열어 갔다.

다음 회기에 G가 자신의 문제를 이야기하면서 상담이 시작되었다. G는 대학입학 당시 섭식장애가 생길 무렵 자신의 처지를 다음과 같이 말했다.

"고등학교 때까지는 공부만 잘하면 다 되는 줄 알았어요. 그런데 대학에 와 보니 우리나라에서 정말 공부 잘하는 아이들이 다 모여 있었어요. 다가갈 수 없는 거리감이 느껴지고 저는 정말 보잘것없는 사람이라는 생각이 들면서 제 존재감이 사라지는 거예요. 거기다 여학생들은 예쁜 애도 많고 전부 날씬했어요. 저는 날씬한 외모로 주위 사람에게 나의 존재를 알리고 싶었어요."

치료자는 G의 말을 세심하게 듣고 수용하면서 반영했다.

"그래서 체중을 줄였군요. 그렇게 하면 주위 사람에게서 좀 더 인정받고 관심받을 수 있다고 생각했던 거군요."

이후 약 1개월간의 입원을 통해 그동안 폭식과 구토로 인해 증가했던 체중이 차츰 정상으로 돌아오고 심리적으로도 안정을 찾아갔다. 어느 날 치료시간에 G는 마음의 갈등을 다음과 같이 표현했다.

"제가 정말 하고 싶은 게 뭔지 모르겠어요. 그동안은 내가 원하는 것보다 주위에서, 학교에서, 가족이 바라는 대로 공부하고 대학을 가고 했다는 생각이 들어요."

치료자는 변화를 바라는 G의 마음을 확인하고 변화를 도모하고자 말했다.

"자신이 원하는 게 따로 있다는 이야기인가요?"

G는 아직 자신이 없다는 듯 대답했다.

"잘 모르겠어요. 휴학기간 중에 좀 더 생각을 해 보고 다른 분야도 접해 보는 게 좋겠어요."

퇴원 후 G는 치료에 거리를 두던 입원 당시와는 다르게 외래치료에 집중하였고 치료자와의 꾸준한 치료를 통해 자신의 상황을 탐색하고 정리하는 데 익숙해졌다. 이 기간 중 콜센터 전화상담, 애견센터 동물치료 도우미, PC방 아르바이트 등의 경험을 통해 타인과의 교류를 시도하였으며 그 과정에서 자신감을 회복해 나갔다. 치료과정 중 간헐적으로 과식이나 구토, 체중에 대한 두려움 등을 보이기도 했으나 1년여의 치료 기간을 거치면서 이러한 증상은 없어지거나 호전을 보였다. G는 정상체중 범위를 안정적으로 유지하게 되었다. G는 복학하여 학업을 수행하며 취업을 준비 중이며 힘겨운 생각이 들 때면 스스로 병원을 먼저 찾아오고 있다.

2) 갈등과 양가감정

갈등(conflict)과 양가감정(ambivalence)은 특정 사안에 대해 두 마음이 동시에 존재함을 의미한다. 환자는 흔히 '내 인생을 되돌리려면 이상 식습관을 버려야 한다는 건 알아. 하지만 거식증 없이 불안을 어떻게 견딜지 모르겠어.'와 같이 '그래, 하지만' 이라는 방식의 두 가지 생각이 공존하는 딜레마를 보인다. 이러한 양가감정은 변화의 과정에서 자연스러운 부분이다. 이때 망설이는 환자에게 치료자가 다음과 같이 말한다면 환자의 변화 동기를 강화할 수 있다.

- 그런 감정이 찾아오는 건 당연합니다. 하지만 당신은 거기에만 머물러 있을 수는 없습니다.

어느 환자는 자신에게 매혹적인 악마처럼 들러붙어 있는 거식증에게 양가적인 자신의 마음을 이렇게 표현했다.

- 지난 며칠간 거식증, 너를 자세히 생각해 볼 시간도 가졌고 구체적인 대안을 생각해 볼 기회도 있었어. 하지만 그런 의지는 순간이고 지금 나는 여전히 실천하지 못하고 오늘만, 내일만 하면서 너와 나쁜 짓을 하는구나. 네가 나한테 용기를 줄 수 없는데도, 나는 네가 주는 확신이 없이는 아무것도 할 수 없는 것처럼 변명하고 있어. 거식증아, 네가 싫지만 또 너무나 좋아서 집착하는 나를 그만 떠나 주었으면 좋겠다.

인간에게는 특정 행동에 이끌리기도 하고 반발하기도 하는 접근과 회피의 이중성이 있다. 즉, '나는 이렇게 하지 않고서는 살 수 없어. 하지만 계속 이렇게 하면서 살 수는 없어.'와 같은 태도다. 한편 인간에게는 자기 행동에서 비롯된 심리적 갈등의 긍정적·부정적 측면을 모두 볼 수 있는 면도 있다. '이렇게 먹는 것에 불안해하며 살긴 싫어. 그러나 거식증은 유일하게 내가 편안함을 느낄 수 있는 방법인걸.' '남들처럼 먹으며 살아가고 싶어. 그러나 정상적으로 먹는다면 이 힘든 감정을 다 참아낼 수 있을 것 같지 않아.'와 같은 상반된 마음이 공존한다.

사 례

대학 1학년을 휴학 중인 21세 환자 H는 폭식과 연이은 구토를 일주일에 3~4회 반복하며, 체중에 강하게 집착하고 있었다. H는 우울감을 호소하며 클리닉에 내원하였고 방문 당시 신장 163cm에 체중 38kg(체질량지수 14.3kg/m²)으로 생리는 중단된 상태였다. H가 섭식장애를 겪은 지는 4년이 되었다.

내원하기 1년 전에 다른 병원을 방문하여 우울증 치료약을 먹기 시작했으나 효과가 없다고 생각되어 복용을 중단한 상태였다. H는 평소 아버지에게서 "너는 아버지가 못 이룬 꿈을 꼭 이루어야 한다."는 말을 들어 왔으며 법관의 꿈을 이루지 못한 아버지의 바람대로 법대에 진학하기 위해 3수를 하였고 그러는 동안 체중이 75kg까지 늘었다. 대학에 입학 후 주위의 시선을 의식하여 굶기와 운동을 통해 필사적으로 체중을 줄였지만 이후 폭식과 구토를 반복하게 되자 어려움은 커졌다. 내원 당시 H는 하루하루를 어쩔 줄 몰라 하며 지내고 있었다. 치료자와 처음 만난 날도 매우 불안한 표정이었으며 다음과 같이 자신의 혼란한 감정을 호소했다.

"아빠가 제게 꼭 법관이 되어야 한다 해서 사법고시 준비 중인데 사실 공부를 한다고 앉아 있어도 아무것도 머리에 들어오지 않아요. 정말 아무것도 할 수가 없어요. 머릿속이 뒤죽박죽이에요."

치료자는 무력해하는 H의 어려움을 공감하며 효과적으로 돕기 위해 어려움을 구체화하고자 질문했다.

"미래의 목표를 이루기 위해 공부를 해야 하는데, 현재 어려움이 많군요. 구체적으로 H 씨가 느끼는 어려움은 어떤 것이 있나요? 천천히 이야기해 보세요."

H는 표현하기 쉽지 않아 했지만 다음과 같이 말했다.

"우선 공부에 집중할 수 없어요. 그리고 늘 기운이 없고 피로해요. 구토하고 나면 목도 붓고 아파요. 그럴 때면 내가 왜 이렇게 살고 있나 하는 생각에 너무 우울해져요. 제 자신이 무력해지는 것 같아요."

치료자는 그동안 많이 힘들었을 구체적인 부분을 확인하며 이런 어려움이 좋아지길 기대하면서도 두려운 점이 무엇인지 질문했다.

"네, 정말 고치고 싶은데 저는 날씬한 몸을 포기할 수가 없어요. 이병을 고치면 뚱뚱해지는 거잖아요. 사람들은 제가 날씬한 게 부러워서 모두들 질투하거든요."

H는 치료 상황에서 설정한 목표를 이루고자 건강해지기를 원하지만 한편으로는 저체중에 집착하고 있었다. 또한 치료에 대해서도 양가감정이 있었으며, 자신이 실제보다 살쪘다고 지각하는 왜곡된 면도 있

었다.

섭식 형태는 절식을 유지하다 식욕을 억누르는 데 한계가 오면 심한
폭식과 구토를 반복하는 상황이었고 폭식은 주로 고열량의 음식이었으
며 밥에 대한 두려움이 매우 컸다.

치료가 시작되자 H는 구토를 참게 되면서 얼굴과 다리에 부종이 나
타났고 체중이 늘 것에 대한 두려움이 커지자 결국 3개월 후 자의로 치
료를 중단하고 말았다.

1년 뒤 H는 다시 병원에 찾아와 치료를 재개하였고 체중을 늘리고자
꾸준히 시도하였다. 자의로 내원하여 치료를 재개한 점에서 H의 치료
동기는 한층 강화된 상태였다.

H는 변화를 실천하는 첫 단계로 그간 전혀 먹지 않았던 아침 식사를
소량부터 시작하기로 하였다. H의 식사에 대한 두려움에 약간의 호전
이 보이기 시작했다. 다음 단계로 밥을 주식으로 한 점심 식사를 하는
것에 동의하고 시도했다. 치료자는 H의 두려움에 공감하며 함께 대응
방안을 찾고 H의 노력을 격려하며 진행해 나갔다. 그다음 단계는 저녁
식사였다. H는 체중에 대한 불안으로 저녁 식사 시도에 가장 높은 두려
움을 보였고 치료 시간도 가장 오래 걸렸다.

H는 치료과정을 거치며 자신에게 찾아온 긍정적 효과를 경험한 후
다음과 같이 말했다.

"집중력이 좋아졌어요. 예전엔 책상 앞에 10분도 앉아 있기 어려웠는

데 지금은 공부가 좀 돼요. 이제 복학을 준비할 자신도 생겼어요."

치료자가 단계적으로 체중이 증가하는 데 대한 느낌을 묻자, H는 이렇게 대답했다.

"체중이 오를까 봐 걱정하는 마음이 다 없어지진 않았지만 병이 나으면서 제가 할 수 있는 일이 있다는 것에 대해 더 많이 생각하려고 해요."

H는 체중 48kg(체질량지수 $18.1kg/m^2$)을 회복하면서 다시 생리를 시작하자 매우 기뻐하였다. 치료자는 H의 목표체중인 50~52kg의 체중 유지에 대해 격려하였으며, H는 목표체중에 대해서 전보다 더 수용적으로 바라볼 수 있게 되었다.

3) 괴리

괴리(discrepancy)란 현 위치와 지향하는 곳 간의 차이를 말한다. 이때 필요한 접근은 '당신은 직장으로 복귀하고 싶군요. 동시에 거식증 때문에 일에 집중력이 떨어지고 동료들 앞에서 식사할 것이 두려워 일터로 나갈 수 없기도 하고요.'와 같이, 자신의 현 상태를 인식하게 하는 것이다. 이러한 괴리 상태의 지속은 환자의 마음을 불쾌하게 만들기 때문에, 이는 괴리를 불러일으킨 행동을 중단하게 만드는 좋은 동기가 된다. 괴리 상태는 양가감정과 중첩되기 때문에 괴리가 없다면 양가감정도 없는 상태다. 다음은 환자가 언급한 섭식장애와 관련한 괴리 상태의 예다.

- 제가 맡은 일은 사실 별로 힘들지 않은 일인데도 저는 이 일을 끝마치기가 너무 버거워요. 앞으로 대학원에 진학하고 싶기 때문에 학비를 벌어 두려면 직장을 계속 다녀야 하는 상황인데 말이죠.

- 저를 움츠러들게 하는 것은 제가 제자리걸음하고 있을 때 성장한 사람들을 보는 거예요. 지금 내 모습과 그 사람들을 비교하면서 한없이 위축되어 버리죠. 지금의 제 상황에서 벗어나고 싶어요.

사 례

스타일리스트학과 2학년에 재학 중인 20세 대학생인 I는 일주일에 5~10차례 정도 폭식과 구토를 반복하였으며 피곤과 어지럼증을 호소하고 있었다. I는 1년 6개월 전부터 섭식장애를 겪으며 마른 체형을 끊임없이 추구하고 있었다. 클리닉에 방문할 당시 I는 신장 160cm에 체중 51kg이었으나 집착하는 체중은 42~43kg이었다. 섭식장애를 앓기 전 가장 많이 나갔던 체중은 59kg이었다.

I는 중학교 때 이래로 살을 빼고자 다양한 다이어트제를 먹었으며, 고등학교 시절 오빠와 함께 자취를 시작했고 허전함을 달래고자 폭식을 자주 하자 날이 갈수록 살이 쪘다. 대학에 입학한 후 남자 친구가 생겼는데 '남자 친구 주변의 여성보다 애인인 자신이 너무 못생겼다'는 생각이 들어 자괴감이 심해졌고 그때부터 구토를 하기 시작했다.

치료자는 I에게 치료를 받고자 하는 이유를 물었다.

"저는 제 힘으로 꿈을 이루겠다는 생각 하나로 버텼어요. 저 자신은 열정적, 투쟁적으로 살고 있지만 현실적으로 제 내면은 항상 무기력하고 능력이 부족한 사람으로 느껴져요."

치료자는 I에게 어느 때 더 무기력하고 능력이 부족한 사람으로 느껴지는지 물었다.

"특히 폭식과 구토를 하루에도 몇 번씩 반복하면서 힘이 없고 어지럽고 기운이 없을 때면 저 자신이 한없이 원망스럽고 제가 할 수 있는 일이 아무것도 없는 것 같아요."

I는 자신이 바라는 삶과 현재 섭식장애로 무기력한 자신 간의 괴리를 느끼고 있었다. I는 체중에 대한 불안감으로 식사 시마다 미리 수입산 체중감소제를 복용하였는데, 이 때문에 늘 가슴이 두근거리고 갑자기 심장박동이 빨라지는 등 부작용을 경험하고 있었다. 치료자는 I의 변화 동기를 인지하고 I가 단계적으로 체중감소제를 줄이고 식사 형태를 개선하기 위한 목표를 설정했다. I는 정상적인 식사를 거의 하지 않고 군 것질로 대체하고 있었으므로 스스로 식사 형태를 구체적으로 계획하고 시도할 수 있도록 격려하였다. 약 1개월이 경과한 후 폭식 및 구토가 점차 감소하였고 체중감소제 복용을 1/2 이하로 줄였다.

이후 증상이 호전되어 I는 졸업전시회를 위한 작품준비에 집중할 수 있었고, 이를 잘 마치게 되자 자신감을 되찾을 수 있었다. 치료 4개월째부터는 폭식 및 구토 없이 지낼 수 있게 되었고 더불어 체중감소제를 복용할 필요도 더 이상 느끼지 않게 되었다. 4개월간의 치료를 종료할 당시 I는 구토를 하지 않게 된 것에 대해 성취감을 표현했고 체중에 대한 집착도 현저히 줄어 있었다. 또한 더 이상 무기력하다고 느끼지 않았다.

4) 변화의 중요성과 할 수 있음에 대한 확신

거식증 상태의 환자는 '왜 자신이 거식증적 행동에서 벗어나야 하는지'에 대한 확신을 가지지 못한다. 거식증 치료과정에서 환자가 행동 변화의 중요성을 인식하는 것은 치료의 난관을 해결해 나가는 데 있어 중요한 열쇠가 된다. 특정 행동으로 변화해야 하는 것이 중요한가의 여부는 가치관, 그러한 행동 및 변화를 통해 예상되는 결과에 의해 영향을 받는다. 한편, 행동 및 변화에 있어서 확신이란 '과연 내가 할 수 있을까?'에 대한 믿음을 의미한다. 다음은 확신을 표현한 환자의 말이다.

- 가족 모두가 애써 주고 있어요. 동생은 늘 심적으로 지지해 주고 제게 병을 이겨 낼 수 있다는 확신을 줘요. 어머니는 망설이던 제게 클리닉 방문이라는 구체적인 해결책을 제안해 주셨어요. 그리고 이렇게 해 나가도록 저를 이끌어 주고 계세요. 언니는 제가 실천할 수 있도록 구체적으로 식단 짜는 것을 도와줘요. 아버지는 지켜보시며 걱정스러운 마음으로 위로하며 힘을 주시지요. 가족의

도움과 격려를 느낄 때면 할 수 있다는 확신이 들어요.

5) 자존감과 자기효용성

행동 변화를 위해서는 자신에 대한 존중과 자신의 능력에 대한 인식이 필요하다. 즉, '나는 더 이상 이런 문제에 시달리지 않을 가치가 있어'(자존감, self-esteem), '내게는 현재의 내 상태를 바꿀 수 있는 힘이 있어'(자기효용성, self-efficacy)의 두 요소다. 이를 위해 치료자는 환자가 망각하고 있던 자존감을 일으키는 동시에, 환자의 마음속 괴리를 유발하면서 변화로 나아가도록 힘을 실어 주어 양가감정을 해소하게 한다. 이때 치료자는 환자의 마음을 읽어 가며 환자가 변화에 대한 균형을 유지하도록 세심하게 도와주어야 한다.

사 례

30세의 여성 환자 J는 매일 폭식과 연이은 구토를 하고 있었다. 자격지심이 심하고 불안정하였으며 인간관계를 오래 지속하지 못했다. J는 10년 전부터 폭식과 구토를 해 왔으며, 5년 전 유럽으로 유학을 떠나 미술을 전공하다 1년 전부터 그 증상이 심해져 학업을 중단하고 귀국한 상태였다. 내원 당시 신장 164cm에 체중 58kg(체질량지수 21.6kg/m²)이었으며, 구토가 심하여 하루에 수차례씩 반복하기도 하였다.

J의 어머니는 재혼하여 새아버지와 이복언니가 있었다. 이 가정은 어

렸을 때부터 가족관계에서 비롯한 갈등 구조가 지속되고 있었다. J는 이복언니와 수년간 외국 유학생활을 함께하면서 이복언니에 대한 콤플렉스가 있었다. J는 자신의 상태를 다음과 같이 설명했다.

"나는 잘되어야 한다는 완벽주의적인 성향을 가지고 있었어요. 마음속으로 날씬하고 마른 이복언니와 자꾸 비교하는 것을 멈출 수 없었어요. 다 만족스럽게 갖추고 있는데 외모만 예외인 것 같아 체중감량에 대한 생각이 크게 자리 잡고 있어요. 그리고 저 지금 실제로도 체중을 줄여야 해요."

J는 특히 유학 생활을 하면서 서양식 고칼로리 음식에 익숙해 있었다. 때문에 치료 초반에는 식단 조절에 어려움이 많았는데 병과 치료 사이에서 자신이 의존해 온 것을 내려놓기 어려워했다.

치료를 지속하면서 J는 가정 형편상 다시 유학을 떠날 수 없음을 인지하였다. 따라서 한국에서 준비가 용이한 식단으로 단계적으로 변화해 나갈 수 있도록 했다. J에게 여러 종류의 한식단과 칼로리에 대한 내용을 꾸준히 설명하였고 식사일기를 같이 점검하는 과정도 반복하였다. J는 점차 그간 부여잡고 있던 고칼로리 음식으로 폭식하고 구토하는 악순환에서 벗어나려는 동기를 키워 갔다.

"저는 서양식 고칼로리의 간식이 맛있고 먹는 게 즐겁지만 이런 음식은 먹고 나면 매번 토하고 있어요. 한식을 먹어 보려고 좀 더 노력해 볼게요."

한식으로의 식단 변화와 더불어 구토 횟수가 줄었고 체중도 서서히 감소하기 시작했다. 또한 치료회기가 진행됨에 따라 섭식장애와 관련한 생각이 점차 수정되어 나갔다. J의 심리적 갈등은 특히 이복언니에게 느끼는 감정에서 비롯하는 부분이 많았다.

"언니가 좋기는 하지만 제가 언니보다 잘되었으면 하는 게 솔직한 제 심정이에요. 그래서 모든 상황을 언니와 비교하게 돼요. 얼마 전 언니가 결혼할 상대를 만나 결혼 날짜를 잡았어요. 아빠가 언니의 결혼 준비에 신경을 쓰는 모습을 보면 너무 화가 나고 질투가 나 언니가 미워져요."

치료자는 매회 상담 시 가족관계에서 오는 J의 심리적 갈등을 다루었고 J가 자신의 마음을 탐색하고 정리하도록 치료 시간을 많이 할애하였다.

"저의 완벽주의 성향은 엄마가 겪은 당당하지 못한 결혼생활을 보며 저라도 엄마의 자랑스러운 딸이 되어야겠다는 생각에서 비롯하였다고 봐요. 또 언니를 미워하면서도 언니에 대한 죄책감도 많이 있었죠."

가족에 대한 감정을 객관화할 수 있게 되자 식사 형태는 매우 빠른 속도로 안정되어 갔다. 그리고 자신의 전공 작품 활동에 효과적으로 몰두할 수 있게 되었다. 치료 후반부에 약 2개월간 유학 현지로 가서 유학 생활을 정리하고 별 무리 없이 돌아온 후 자신에 대한 생각을 다음과 같이 표현했다.

"이 병을 앓으면서 자신감이 현저하게 떨어져 유학을 중단할 무렵에는 작품전 준비도 포기할 정도였어요. 이제는 제가 이만하면 괜찮은 사람이라 생각해요. 가끔 과식하면 구토의 유혹을 느낄 때가 있지만 꾹 참고 잘 넘기고 있어요. 그리고 체중에 대한 집착도 많이 줄었어요."

치료 종결 후 '어둡고 긴 터널에서 나온 것 같아요. 치료가 이런 성과물이 나올 수 있는 환경을 만들어 주었어요.'라는 글과 함께 작품전 전시회 팸플릿을 보내왔다.

6) 반박

반박(reactance)은 양가감정 시 보이는 역설적 행동반응을 의미한다. 인간은 행동의 부정적 결과가 예측될 때 문제행동에 더 집착하는 경향을 보인다. 예를 들어, 일반적으로 부모는 거식증 아이가 먹지 않을수록 화를 내게 되는데, 이는 거식증 아이의 섭식 거부행동을 오히려 강화하는 결과를 초래한다. 즉, 개인은 자유가 억압이나 침범을 당했다고 느낄 때 심리적 반박으로서 문제행동을 더 고수하려 한다. 따라서 이때는 강압적으로 바꾸려 하기보다는 부드러운 설득을 통해 변화의 필요를 스스로 인식하게 하는 것이 효과적이다. 앞서 134-135쪽에서 언급한 이솝 우화의 〈해님과 바람〉의 예를 상기하자.

3. 행동변화의 동기 단계에 따라 고려해야 하는 과제

환자의 동기 단계에 맞추어 치료를 진행할 수 있다면 치료효과는 극대화된다. 동기 단계를 고려하지 않아 생기는 '단계 부조화의 역효과(mismatched stage effects)'를 보여 주는 예로 다음 경우를 생각해 보자.

자신의 거식증 상태에 대해 아직 양가적인 고려 단계에 있는 거식증 환자에게 치료자가 다음 시간까지 섭취할 구체적인 식단을 짜 오라고 했다면 환자는 어떻게 반응할까? 이 경우 환자는 매우 불안해하며 그 계획을 실천하기 어려워할 것이다. 그 이유는 무엇인지 생각해 보자.

사람들은 행동변화의 과정에서 단계를 거쳐 간다. 치료자는 환자가 거쳐 가는 단계에 맞춰 환자의 양가감정을 찾아 해소하고, 괴리를 유발하고, 자존감과 자기효용감을 높이고, 반박을 피하게 함으로써 환자를 가장 효과적으로 도울 수 있다.

치료자가 환자의 변화를 위해 무엇을 할지 결정할 때는 환자가 변화의 어느 단계에 있는지를 우선 알아야 한다.

1) 고려 전 단계

이 단계의 환자는 다음과 같이 생각한다.

• 내가 먹는 것이나 몸무게는 아무런 문제가 없어.

• 난 현재 이대로가 좋아.

이 단계에서 치료자는 환자가 자신의 행동으로 인한 폐해나 문제점 등에 대한 지각을 높일 수 있게 작업한다. 또한 그동안 환자가 무시해 온 자존감을 높이고, 치료 상황에서 환자의 행동이나 의견에 대한 즉각적인 반박을 피한다.

사 례

대학 휴학 중인 22세 환자 K는 어머니에게 이끌려 클리닉을 방문하였다. K는 신장 158cm에 체중 43kg이었으며, 주 증상은 육식 거부, 야채 섭취 집착, 운동 과다로 인한 만성피로, 우울감 등이었다. K는 15세 무렵 현재와 비슷한 키에 52kg이었으나 그때부터 먹는 것을 제한해 그간 체중이 38kg까지 준 적도 있었다. 생리는 중단된 지 오래되었다.

어머니는 그동안 힘들었던 점을 다음과 같이 호소했다.

"얘 문제의 원인은 밥을 너무 적게 먹는다는 거예요. 그래서 생리도 안 해요. 밥을 먹는 대신 샐러드바를 일주일에 꼭 3회씩 가고 있어요. 게다가 애완동물에 너무 집착해서 아예 방 하나를 내주고 본인은 거실에서 생활해서 집이 항상 엉망이에요."

J에게 어머니의 호소를 어떻게 생각하는지 물었다.

"저 밥 먹어요. 여기 식사일기 쓴 것 보세요. 이 정도 먹으면 되지 않아요? 그리고 저 여기서 더 이상 살찌면 안 돼요. 지금 이대로가 좋아요. 샐러드바는 제 용돈으로 가는 거예요. 저는 샐러드바를 일주일에 3회씩 가지 않으면 정말 견디기 힘들어요. 정말 먹고 싶은데 어떡해요?"

K는 현재 자신에게 전혀 문제가 없다고 생각하여 아예 변화를 고려 조차 하지 않고 있었다. K는 식사일기에 자신이 섭취한 내용을 매우 자세히, 예를 들면 샐러드의 경우 소스에 들어가는 마늘이나 후추, 드레싱 등 모든 양념의 종류와 양까지 나열하였다. 그리고 스스로 충분히 먹는다고 생각하고 있었다.

K는 어머니의 강요로 내원했지만 어쨌든 치료를 받아 보겠다고 했다. 자신에게 문제가 없다고 하는 K에게 물었다.

"생리는 어떤가요?"

K는 멈칫하며 대답했다.

"생리는 멈춘 거 맞아요."

다음 시간에 K는 그간 완강히 자신에게는 문제가 없다던 태도에서 다소 물러서며 의기소침한 목소리로 말했다.

"운동을 하지 않으면 불안해서 못 견뎌요. 무조건 해야 해요. 그러고 나면 하루가 너무 피곤해요. 공부에 집중도 안 되고 학교 성적이 자꾸 떨어져서 휴학했어요. 친구들과도 연락 안 하고 지낸 지 오래됐어요. 만나면 밥 먹어야 하잖아요."

K가 자신의 병을 인정하자 변화에 대한 동기는 고려 단계를 거쳐 결심과 행동 단계로 옮겨 갔다. 이 단계에서 식사량을 늘려 보기로 했으며

왜 그렇게 샐러드바에 집착하는지 스스로 생각해 보도록 했다. 그런 다음 샐러드바 가는 것을 주 3회에서 주 2회로 줄일 수 있도록 목표를 세우고 시도한 후 J는 다음과 같이 말했다.

"드디어 이번 주에는 샐러드바를 2회만 가는 걸로 끝냈어요. 사실 매주 샐러드바를 3회씩 가려면 돈이 좀 많이 들긴 해요."

또 다음과 같이 말했다.

"그동안 제 삶의 중심은 먹는 것에 있었어요. 너무 힘들었어요. 이제 더는 음식에 대한 갈망을 할 필요성을 못 느끼니까 다른 것들이 보여요. 예를 들면, 제 전공과 관련한 직업에 대한 것이나 이성교제 같은 것이요. 저도 남자 친구를 사귀고 싶거든요."

K에게 먹는 것에서 벗어나면 앞으로 더 많은 것이 보이고 삶이 더 풍부해질 것이라는 확신을 주었다. 치료가 순조롭게 지속되면서 K는 체중이 서서히 회복되었고, 그동안 자신이 먹고 싶은 욕구를 억누르고 있었다는 것을 인지하게 되었다. 이와 더불어 가족과의 관계가 회복되어 갔으며, 특히 소원했던 친구들과 다시 소통하게 되자 만족감과 성취감을 느끼기 시작했다.

K는 48kg의 체중을 회복한 후 생리를 다시 시작했고 집착하던 샐러드바보다는 친구들과 어울려 갈 수 있는 장소를 더 즐기게 되었다. 더불어 애완동물에 대한 집착도 누그러져 집안 사정을 고려해 인터넷을 통해 잘 기를 수 있는 곳을 찾아 분양을 보냈다.

2) 고려 단계

자신의 행동을 바꿀지 바꾸지 말지를 망설이는 단계다. 이 단계의 환자는 다음과 같이 생각한다.

- 혹시 내게 문제가 있는 건 아닐까? 나의 먹는 습관과 몸무게가 해로운 건 아닐까?
- 이렇게 하지 않고도 살 수 있지 않을까? 하지만 이렇게 하지 않는다면 달리 어떻게 해야 한다는 걸까?
- 난 섭식장애가 있더라도 건강에는 아무런 영향을 주지 않는다고 생각했지만 사실 추위를 많이 타게 되었어. 이도 시리고 많이 부식한 것 같아. 가끔 침샘이 팽창하면 아프고 걱정스럽기도 해. 하지만 먹고 토하지 않게 된다면 불어날 체중과 몸매는 어떻게 할 거야? 생각만 해도 두려워.

이 단계에서 치료자는 환자가 그간 문제가 아니라고 생각했던 상황이 사실은 문제가 될 수도 있다는 마음의 괴리를 느끼도록 유도한다. 환자가 어찌해야 할지 결정하는 동안 치료자는 환자의 망설임과 양가 감정을 탐색하고 환자가 이를 구체화할 수 있게 돕는다. 환자에게서 변화를 이끌어 내기 위해 치료자는 그간 환자가 망각하고 있던 자기효용성을 끌어내어 이를 높여 나간다. 또한 환자의 행동과 말에 즉각적으로 반박하는 것을 피한다.

사 례

32세의 기혼 여성인 L은 내원 당시 매일 폭식하고 있었으며, 운동강박으로 매일 장시간 운동을 하였다. L은 4개월 전 결혼하였으며 정서적으로 불안정한 상태에서 남편과 식사 문제로 잦은 다툼이 일어나자 남편의 권유로 치료를 받고자 클리닉에 내원하게 되었다. 당시 신장 163cm에 체중 62kg이었으며, 과거 다이어트를 시작한 이래 일시적으로는 47kg까지 줄인 적도 있었다. L은 약 10년 전부터 폭식과 다이어트를 반복하면서 비만 클리닉에 다녔고 비만주사, 제니칼 등을 복용하며 내원 당시에도 식욕억제제를 복용 중이었다. L이 원하는 것은 체중감량이었다.

첫 치료 시간에 만난 L은 얼굴이 상기되어 있었고 불안정해 보였으며 매우 빠른 말투로 자신의 증상을 두서없이 설명하고 불안한 심정을 쏟아 내었다.

"요즘은 '나는 폭식증 환자니까…' 이렇게 치부해 버려요. 환자라고 생각하니 환자처럼 행동해요. 자포자기죠. 결혼하고 나서는 체중이나 체형에 대한 긴장이 풀어졌나 봐요. 불안하고 허전하다 보니 폭식하고 싶은 욕구가 심해지고, 그러면 또 생각 없이 수시로 과식을 하게 돼요. 그래서 체중이 늘었어요. 속상해요. 예전 47kg이던 시절의 제 날씬했던 모습에 대한 그리움이 지워지지 않아요."

치료자는 L의 불안과 자괴감을 공감할 수 있었다.

"자신을 폭식증 환자라고 단정 짓고 자포자기함으로써 폭식과 과식을 합리화하게 되는군요. 그런데 L 씨에게 우울감과 미래에 대한 걱정도 많이 느껴집니다."

치료과정에서 기대하는 것이 무엇인지 물었다.

"체중을 줄이고 싶어요. 한편으로는 폭식 없이 지내고 싶기도 해요. 또 결혼했으니 임신도 하고 싶어요. 그런데 제가 이런 상태로 아기를 가질 수 있을지 많이 걱정돼요. 남편이 제 모습을 알게 되고 실망하는 것 같아요."

L은 임신을 원하고 있었기 때문에 치료의 필요성을 절실하게 느끼고 있었다. 그러면서도 체중에 대한 환상을 버릴 수 없었으며, 체중증가에 대한 두려움이 많이 있었다. 치료자는 L이 망설임의 무게중심을 변화와 치료 쪽으로 옮길 수 있도록 도왔다. 또한 변화를 위해 조력자의 도움을 효과적으로 받게 하고자 질문했다.

"L 씨, 당신 가까이에서 당신이 이 병과 싸워 나가는 것을 도와줄 수 있는 사람이 있나요?"

L은 남편을 떠올렸다.

"네, 남편이요. 사실 치료를 받으러 여기 오게 된 계기도 남편이 적극적으로 권유해서예요."

L은 고려 단계에 있었지만 치료 동기가 강해 치료자의 격려와 도움을 받자 바로 실천을 결심할 수 있었다. 치료자는 L이 자신의 자포자기적

생각과 연결되는 섭식장애 증상을 파악할 수 있도록 하고 식사와 간식에 대한 계획을 세웠다. 이후 약 1개월 동안 꾸준히 식사일기를 기록하며 자신의 욕구와 상태를 스스로 평가하고 증상을 객관적으로 구분하는 데 익숙해져 갔다. 이러한 과정을 거치면서 폭식은 현저하게 줄고 과식 정도로 지나갈 수 있게 되었다. 체중도 2kg 정도 감소하여 60.3kg로 줄었다.

다음 단계로 L이 그간 집착을 보인 강박적인 운동에서 벗어나 보기를 격려했다. 대신 운동의 목적을 건강 유지에 두고 하루 30분씩 주 5일 정도의 적정한 수준에서 하기로 하였다. 운동은 무조건 좋은 것이라는 믿음 때문에 거부감을 보이기도 했으나 지나친 운동은 여성 호르몬 저하와 일상생활에 지장을 줄 정도의 피곤을 초래할 수 있다고 설명하자 줄이는 데 동의하였다.

치료 시작 후 약 3개월이 지나고 L은 한결 부드러워진 표정과 여성스럽게 달라진 복장으로 내원하였다. L은 내원 초기 자신의 자기조절감이 0점이었다면 현재는 65점으로 상승했다고 보고했다. 또 운동, 친구 만나기, 친척 초대하기, 집안일, 책 읽기, 옷 입기, 치장하기 등이 10점 만점에 치료 전 1~3점이던 것이 현재는 7~9점으로 상승하였다고 했다.

"요즘은 많이 편해졌어요. 남편과 사이도 좋아졌어요. 또 폭식을 시작하다가도 멈출 수 있게 되었어요."

치료 5개월 무렵 L은 임신을 하게 되었다. 바라던 임신이었기 때문에 기뻐하면서도 임신 중 체중증가에 대한 염려로 양가감정을 보이기도 했다. 임신 초기 잘 먹어야 한다는 생각과 음식을 조절하지 못할지도 모른다는 불안이 공존하여 간식 섭취가 많아지는 양상이 간헐적으로 나타났다. 치료자는 관심의 방향을 음식에 대한 강박적 집착에서 벗어나 태아를 위한 건강한 식단 조성에 초점을 맞추고 태교를 하도록 지지하고 격려했다. 이런 과정을 통해 L은 다시 심리적 안정감을 찾을 수 있었다.

이후 치료는 월 1회로 유지하였으며 임신이 안정기에 접어들어 치료를 종결하였다. L은 이후 건강한 아이를 출산하였고 아기 사진을 동봉한 고마움을 담은 편지를 보내왔다.

3) 결심 단계

변화를 계획하고 실행하는 이 단계의 환자는 다음과 같이 생각한다.

- 맞아, 뭔가를 해야 해.
- 거식증에 내 삶이 좌지우지되는 것을 멈추고 나 스스로 어느 정도는 변화해 나가자.

이 단계에서 치료자는 환자가 목표를 설정하는 것과 변화를 향해 진보할 수 있게 돕는다.

특히 목표를 설정할 때 고려해야 할 중요한 내용으로 첫째, 환자가 실천하기 쉬운 것부터 단계적으로 할 것, 둘째, 장기적인 목표보다는 단기적인 목표부터 할 것, 셋째, 일정 기간 후에 평가 및 측정이 가능할 것, 넷째, 환자가 자신감과 성취감을 느낄 수 있도록 하는 것이다.

4) 행동 단계

이 단계는 환자가 행동을 구체적으로 바꾸어 나가는 시기다. 예를 들면, 체중 올리기, 대인관계 및 가족과의 갈등 해소해 나가기, 마음이 힘들 때 먹거나 안 먹는 것 말고 다른 방법으로 해결해 나가는 법 배우고 시도하기 등 자신의 계획을 실천에 옮기는 시기다.

이 단계의 환자는 다음과 같이 생각한다.

- 이제 내 계획을 실천에 옮기자.
- 나도 내가 원하는 삶을 살 권리가 있어.

이 단계에서 치료자는 환자에게 매 순간 나타나는 양가감정을 파악하고 구체화하는 데 주력한다. 또한 환자가 변화된 행동을 지속할 수 있도록 환자의 자존감과 자기효용감을 높이는 데 비중을 둔다.

사 례

　대학 1학년 휴학 중인 21세 남성 M은 7~8개월 전부터 시작된 폭식과 구토, 불안 증상으로 내원하였다. 내원 당시 신장 184cm에 체중 63kg이었으며, 최고 체중은 고3 당시 100kg까지 나간 적이 있으나 대학 입학 후 절식과 운동으로 61kg까지 감량하였다. 성격은 내성적이고 착실하였으나, 좌절하면 완전히 포기하는 경향이 있었다.

　M은 어렸을 때부터 알코올 의존증인 아버지로 인해 부모 간에 불화가 잦았고 결국 중학생 때 부모가 이혼하여 이후 어머니와 함께 살게 되었다. 고교시절 비만이던 M은 왕따를 당한 경험이 있으며 군 입대 전 단기간에 걸친 절식과 운동으로 40여 kg의 체중감량을 했다. M은 약 1년 전부터 서울의 아버지 집에 기거하며 공익 근무를 하게 되었는데 알코올 의존증인 아버지로부터 어린 시절 받은 마음의 상처가 강하게 남아 있었기 때문에 아버지와 함께 지내게 되자 매우 불안함을 느꼈다. 또한 폭식으로 외로움을 달래려고 했으며 다시 전처럼 비만해질까 두려워 구토를 하였다.

　치료자는 우선 M의 식습관을 정상화하는 데 초점을 맞추었다. 첫 한 달간은 점차 균형 잡힌 식사가 정착되어 갔으며 메뉴도 다양해져 갔다. 그러나 정서적 스트레스가 있거나, 과거 폭식했던 음식을 다시 접하게 되면 간혹 폭식 및 구토를 하기도 하였다.

　"이제 규칙적으로 식사도 하고 음식을 다양하게 먹기 위한 시도도 하고 있어요. 그런데 아직도 과자 종류를 보면 폭식 욕구가 생기고 실수를 하게 되는데 그러면 지금까지 치료가 다 소용 없는 것 같고 좌절감이 들어 의기소침해져요."

M에게 격려가 필요하여 다음과 같이 말했다.

"M 씨는 치료를 시작한 이래 지금까지 잘해 왔어요. 아직은 증상이 완전히 없어진 게 아니고 치료를 지속해야 하는 상황입니다. 치료과정에서 실수를 할 수 있고 실수는 다시 잘할 수 있는 계기가 됩니다."

치료 2개월 후 제대를 하였고 어머니가 계신 지방으로 내려가게 되자 치료는 1개월에 1회 진행하였다. 지방에 내려간 지 2개월이 지나자 체중은 71kg 정도로 다소 증가했고 체중증가에 대한 두려움이 다시 높아졌다. M은 칼로리 계산 및 섭취 제한, 잦은 체중 측정, 많이 먹지 않아도 구토를 하는 양상으로 재발의 조짐을 보였다. 치료자는 거리 여건상 전화 상담을 매주 진행하기로 했다. M은 특히 고향에 내려간 후 친구들과의 연락이 많아지면서 술자리가 잦아지고, 술을 마시면 과식하고자 하는 충동이 강해졌다고 하였다. 치료자는 M이 폭식으로 이끌리는 상황을 객관적으로 표출할 수 있도록 하였으며 술로 인한 식사통제의 어려움을 판단할 수 있도록 도왔다. 또 술자리를 피할 수 없는 경우라면 폭식하기 쉬운 음식의 목록을 작성하고 위험순위가 낮은 음식부터 단계적으로 시도해 보고 스스로 평가해 나가도록 했다. 치료 6개월이 경과하면서 M은 복학을 준비할 수 있게 되었고 운동은 주 2~3회 하기로 하였다. 치료 종결 시 체중은 78kg 정도로 안정적으로 유지되고 있었으며 간간이 과식했을 때 구토욕구가 남아 있었으나 구토하지 않고 잘 넘길 수 있었다.

5) 유지 단계

이 단계는 환자가 변화를 장기적으로 유지하고자 노력을 지속하는 시기다. 예를 들어 치료 시간 밖에서도 변화된 생각과 행동 유지하기, 사회관계 재설정하기, 활동 범위 확장해 나가기 등의 실천을 계속한다. 이 단계의 환자는 다음과 같이 생각한다.

- 그래, 이렇게 하면 되는구나. 계속해 보자.
- 이렇게 계속하는 건 지쳤어. 내가 계속할 수 있을지, 또 이렇게 노력할 가치가 있는지 모르겠어.

이 단계에서 치료자는 환자의 유지 단계가 지속되면 환자가 재발 예방전략을 찾아 구체화하도록 돕는다. 치료자는 이 과정에서 나타나는 환자의 양가감정을 파악하고 해소하도록 돕는다. 또한 환자의 자존감과 자기효용감을 높여 지속적으로 이 상태를 유지해 나가는 데 초점을 둔다.

사 례

　대학 4학년에 재학 중인 22세 여성 환자 N은 매일 폭식 및 구토를 반복하고 이와 더불어 우울감, 의욕 저하, 좌절감이 심해 클리닉에 내원하였다. N은 내원 당시 신장 158cm에 체중 40.8kg이었으며, 체중이 36.3kg까지 감소한 적도 있었다.

　N은 내원 1년 전에 땅콩을 많이 먹고 속이 불편해서 토한 후 개운하고 편안해지는 경험을 했다. 그 후 과식하면 토하고 싶은 생각이 드는데다 살을 빼고 싶은 마음에 조금만 먹어도 토하게 되었다. N은 고형식 섭취가 어려운 상황으로 입원치료를 하였으나 체중이 회복되기 시작하자 자의로 퇴원했다. 하지만 생각은 변함없이 음식에 사로잡혀 있고 학교 수업에 집중도 어려워 좌절감, 우울감 등이 악화되었다. 결국 1년 후 다시 내원하였으며, 다음과 같이 자신의 증상을 호소했다.

　"인생을 망친 것 같아 후회돼요. 1년 전으로 시간을 되돌리고 싶어요. 끊임없이 간식 생각이 나고 결국 먹고 토하게 돼요. 체중이 줄었다가 최근에는 다시 늘었어요. 전엔 살찔까 봐 조금이라도 움직였는데 요즘은 힘이 없어 운동도 못 하겠어요. 밥 먹는 것도 무서워요."

　N은 저체중임에도 면담 시 체중이 느는 것에 대한 두려움을 지속적으로 표현하였다. 식사에 대한 두려움과 간식 욕구로 인해 섭취하는 음식이 대부분 군것질거리였다. 또한 체중이 감소하면 감소된 체중을 유지하려는 생각이 강해져서 소량을 먹고도 구토를 하였다. 치료자는 N

에게 증상이 재발한 상황임을 설명하였다. N은 수긍했고 다시 치료자와 함께 치료 경험을 바탕으로 식사 시도와 동시에 간식을 조금씩 줄여나가는 계획을 세웠다. 그리고 N이 스트레스원으로 생각하는 주변의 일을 치료시간에 드러내고 스스로 해결방법을 정리할 수 있도록 격려하였다. 치료를 재개한 지 약 3개월 후 폭식 및 구토가 감소하자 심리적 안정을 찾았고 기분도 호전되었다.

다음 단계로 음식에 대한 관심을 다른 분야로 분산해 나갈 수 있는 대안을 찾도록 했다. 이를 통해 N은 취업 준비를 시작할 수 있었다. 음식에 대한 집착은 내원 당시 거의 100%에서 40%로 감소하였으며 치료 5개월 무렵에는 대기업 취업에도 성공하였다. 2개월간의 신입사원 연수원 생활을 시작하게 되어 치료를 잠시 중단하였는데 연수원에서 아침 식사를 거르는 일이 잦아졌고 체중이 42kg로 감소하자 다시 내원하였다.

N은 회사생활에서 섭식장애로 겪는 어려움을 다음과 같이 이야기하였다.

"야근 때 직장 동료와 같이 식사하고 싶지 않지만 '너, 다이어트 하니?' 하면 신경 쓰여요. 남을 의식해서 억지로 먹다 보니 소화불량이 돼요. 체중이 줄면 상황이 좋아지고 자신감이 높아질 거라 생각했는데 오히려 회사 일에 대한 집중력도 떨어지고 자신감이 없어지고 위축되는 것 같아요. 그리고 내 생각보다는 남의 생각이나 말에 신경이 더 쓰여요."

치료자는 N에게 그동안 수차례 탐색해 본 치료적인 사고와 거식증적 사고를 구별해 체중이 감소하는 상황에서 느끼는 생각, 행동, 기분이 자신이 건강했을 때 혹은 호전하였을 때와 어떻게 다른지 점검할 수 있도록 도왔다. 그리고 긍정적인 부분을 강화하기 위해 취업 및 업무 수행능력에 자긍심을 가지도록 하였다. 그동안 45kg에 집착해 왔으나 자신의 적정 체중이 48kg 정도임을 점차 수용해 나갔다.

6) 재발

이 단계는 환자가 변화의 단계를 완전히 벗어나기 전에 다시 악순환의 회로에 빠지는 시기다. 이 단계의 환자는 다음과 같이 생각한다.

• 다 망쳐 버렸어. 실패야.

치료과정 중에 환자는 변화의 단계 사이에서 종종 왔다 갔다 하는 모습을 보인다.

예 고려 단계 ➡ 결정 단계 ➡ 고려 단계
　 유지 단계 ➡ 재발 ➡ 고려 단계

사 례

28세의 여성 환자 O는 매일 폭식과 구토를 반복하고 있었으며, 우울감, 운동 과다 등의 증상으로 내원하였다. 섭식장애를 앓은 지 4년이 되었고, 원래 활발하고 외향적이며 다소 충동적인 면이 있는 O는 대기업 사원으로 업무능력을 인정받고 있었다. 내원 당시 신장 166cm에 체중 58kg이었는데, 24세 때 65kg까지 나갔으나 당시 남자 친구에게서 체구가 크다는 이유로 결별당하자 충격을 받고 다이어트를 시작하여 한약, 절식 등을 통해 3개월간 약 20여 kg을 감량하여 43kg까지 줄였다. 곧이어 폭식과 구토가 나타났고 특히 생리주기마다 기분이 불안정해지고 폭식이 잦아지는 양상을 경험하고 있었다.

O는 자신이 부모의 원치 않는 임신으로 태어났으며, 남자 친구에게서 버림을 받고 아버지의 사업실패로 가족이 뿔뿔이 흩어져 살면서 주위에 도와줄 사람이 없어 외롭다는 생각에 빠져 있었다. O는 폭식과 구토를 통해 외로움이 해소되는 것은 잠시일 뿐 오히려 자신에 대한 모멸감이 강해지는 등 자기 스스로를 학대하고 있음을 알게 되었다. O는 자기 자신을 소중하다고 생각하지 않고 있었다.

치료자는 O가 겪고 있는 가장 어려운 점인 폭식과 구토를 줄이고자 식사와 생활 유형을 점검하고, 식사 형태를 바로잡아 가도록 도와주었다.

O는 치료가 시작되자 치료 동기가 점차 강해졌다. 실천 의지도 강해져서 식사 형태가 규칙적인 양상으로 호전되고 구토 없이 안정적인 상

태를 한동안 유지할 수 있었다.

5개월이 지나 유지 단계로 접어들었다. 폭식과 구토의 빈도가 주 1~2회로 줄었고 식사도 안정되어 갔다. 하지만 심리적으로는 회사일과 체중에 대한 스트레스에 쉽게 동요하고 있었다. 회사에서 다른 여직원과의 대화 중에 체중 이야기가 나오면 온 신경이 곤두서고 자신의 얘기를 하는 것 같은 감정을 느꼈으며, 그럴 때면 어김없이 먹고 구토하는 것으로 회피하고 있었다. 또 업무에 대한 압박으로 주말에도 출근해서 다음 주 일정을 확인하지 않으면 불안해했다.

치료자가 스트레스 대처 방안 등을 다루려고 시작하려던 시점에 O가 치료를 자의로 중단하였는데, 얼마 지나지 않아 재발의 징후를 보여 2개월 후 다시 내원하였다. 스스로 다시 병원을 찾은 O는 재발에 따른 심경을 다음과 같이 표현했다.

"사실 그때 그런 것은 이 병과 아무 상관이 없는 것 같았어요. 먹는 것만 되면 나머진 병원 도움 없이 저 혼자 잘할 수 있을 것 같았어요. 그런데 힘든 일이 있으면 먹는 것 이외에 위안거리가 잘 떠오르지 않았어요. 저녁에 집에 들어가면 매일 폭식하고 구토하고… 체중도 많이 늘었어요. 출근할 때마다 우울해요. 정말 이 병이 빨리 치료되지 않는다는 생각이 들어요."

O는 자신의 상태가 도움이 필요함을 충분히 인정하였고 전보다 치료에 더 적극적으로 참여하게 되었다. 재발의 취약요인을 인식하자 식

사 형태는 첫 내원 시보다 빠른 속도로 안정되어 갔다. 동시에 치료자와 함께 자신의 심리적 동요와 스트레스원을 탐색하고 다루어 나갈 수 있었다.

동기부여치료 면담 시 치료자의 역할 지침

- 환자가 양가감정을 찾아내고 이를 해소해 가도록 유도함으로써 변화를 시작해 나가도록 함
- 면담은 환자의 관심사에서 시작하고 여기에 초점을 맞춤
- 향후의 행동을 결정하는 데 있어 환자의 책임을 강조하고 환자와 함께 목표와 전략을 협상함
- 환자의 지각을 탐색하고 치료에 반영함
- 환자의 표현에 대해 공감적 · 선택적 반영법을 활용해 반응함
- 환자가 언급하는 섭식장애와 관련한 우려, 자기동기유발적 내용은 반영함
- 치료자는 '당신은~' '○○ 씨는~' 등 환자의 입장에서 언급을 시작함
- 면담 중간 중간에 진행을 요약함
- 조언과 피드백을 적절히 사용함
- 치료자는 환자의 언급을 긍정적이고 전향적으로 재구조화하여 반응함

출처: Treasure & Schmidt(1997).

동기부여치료 면담 시 치료자가 피해야 할 역할 지침

다음은 치료자가 치료 성공을 위해 피해야 할 사항이다.

- 논쟁, 강의, 설득하는 것
- 치료자의 역할을 권위자 혹은 전문가로 미리 설정하고 행동하는 것
- 치료 시작 시점에서 미리 전문가적인 충고를 하는 것
- 명령, 직접지시, 경고, 위협하는 것
- 혼자 대부분을 말하는 것
- 병명을 명확하게 붙이려는 것
- 윤리적 · 도덕적 언급, 비판, 재판, 설교하는 것
- 환자의 단답형 대답을 유도하는 질문을 하는 것
- 환자의 개방형 질문에 다른 질문으로 대답하는 것
- 한 번에 일련의 질문을 연속으로 하는 것
- 환자에게 문제가 있다고 직접적으로 말하는 것
- 특정한 해답을 처방하는 것

출처: Treasure & Schmidt(1997).

4. 동기부여치료 후반부

이 치료의 후반부에 진입하면 점차 환자의 자존감이 회복되고, 사회적 기능 수행능력이 개선된다. 치료자는 이 과정에서 환자가 자기

주장과 결정권의 힘을 갖도록 도우며 더불어 환자에게 책임의식을
부가하여야 한다. 치료 종결이 가까워 오면 점차 환자 혼자 생존할 수
있다는 믿음이 생기도록 돕는다.

사 례

   20세의 여성 환자 P는 중학교 2학년 때 부모의 선교활동에 따라가 동
남아에서 약 5년간 국제학교를 다니던 중 외모에 관심이 많아졌는데,
이때 섭식장애가 발병한 이후로 오랫동안 지속되었다. 귀국할 당시 신
장은 163cm였으며 체중은 65kg에서 절식과 운동을 통해 51kg으로 감
량한 상태였다.

   P는 대학 입학 후 음식 욕구로 폭식과 구토가 잦아졌고 집중과 학업
수행이 어려워 자퇴하였다. P는 체중증가에 대한 두려움으로 소량의 간
식만을 수시로 섭취하고 있었다. 하지만 치료에 적극적으로 동참을 하
여 규칙적 식사에 집중할 수 있었다. 치료자의 도움을 받아 간식을 점차
줄여 나갔고 식사량은 늘리고자 노력했다. 식사량을 늘렸음에도 체중
에는 변화가 없다는 긍정적인 체험을 하면서 체중 관리에 대한 자신감
을 점차 찾았다. 치료를 시작하고 1개월 후 폭식과 구토가 거의 멈추었
는데, 구토 후 느끼는 자책감과 신체적 불편감, 우울감 등을 떠올리는
방법이 폭식과 구토 방지에 도움이 되었다. P는 치료 중반부에 학원 강
사를 시작하였는데 수업일정 때문에 식사시간이 일정치 않게 되자 식
습관이 흐트러지면서 어려움이 생겼다. 치료자는 P에게 의사전달능력

을 기르도록 격려하며 해결방법을 스스로 모색하도록 도왔다. 그 결과 P는 학원장에게 자신의 상황을 잘 설명하여 수업시간을 조정하였으며, 이후 식사를 거르지 않게 되고 훨씬 열정적인 강의를 할 수 있었다. 또한 그간 매일 해 오던 음식과 패션 관련 인터넷 사이트 검색을 줄이게 되자 자극을 현저히 덜 받게 되었다.

치료 후반부에는 주로 감정을 효과적으로 다루는 방법, 대인관계 향상, 자신이 할 수 있는 영역의 확대, 자신감 상승 측면에서 많은 변화를 시도했다. 특히 이때 자신이 원하던 대학에 입학하여 자신감과 자기효능감이 더없이 상승하였다. P에게 힘든 과정을 노력으로 극복한 것에 대해 어떻게 생각하는지 물었다.

"제가 자랑스러워요. 병이 나아가면서 할 수 있는 일이 많아지고 사람들과 자연스럽게 어울리며 즐길 수 있다는 점이 좋아요."

종결을 앞두고 치료의 초점은 재발 신호를 인식하고 대처할 수 있도록 하는 데 두었다. 즉, 재발의 징후를 알아차리는 것이다.

"재발의 상황이 앞으로 오지 않으리라 장담할 순 없겠지만 우리가 재발의 징후를 여러 번 살펴보았고 치료기간 동안 재발의 징후가 있었을 때 두려워하지 않고 함께 대처할 수 있었던 경험이 당신에게 큰 힘이 될 거예요."

이후 P는 56kg의 안정된 체중을 유지하였고, 이 체중이 건강을 위해 자신에게 적절한 범위임을 자연스럽게 수용하게 되었다.

치료자가 기억해야 할 것

- 섭식장애 환자는 치료와 변화를 망설이는 양가적 심리상태에 있다. (즉, 바꾸고 싶으나 어떻게 해야 할지 모른다.)
- 행동변화의 단계적 모델은 섭식장애 환자를 이해하는 데 있어 매우 유용하다.
- 섭식장애 평가의 한 부분으로 치료동기 평가와 환자에 대한 동기부여치료는 환자의 치료 참여를 높이고, 치료 진행에 수반되는 반발을 줄인다.
- 섭식장애에서 벗어나기 위한 동기부여치료 면담을 통해 환자는 인지행동치료를 효과적으로 적용해 나갈 수 있다.

더 읽을거리

Miller, W., & Rollnick, S. (1991). *Motivational interviewing: Preparing people to change addictive behaviour.* New York: Guilford.

Miller, W., & Rollnick, S. (2002). *Motivational interviewing.* New York: Guilford Press.

Rollnick, S., Mason, P., & Butler, C. (1999). *Health behaviour change.* Edinburgh, UK: Churchill Livingstone.

Schmidt, U., & Treasure, J. (1993). *Getting better bit(e) by bit(e): A survival kit for sufferers of bulimia nervosa and binge eating disorders.* Hove, East Sussex: Brunner-Routledge.

179

참고문헌

Ackard, D. M., Fulkerson, J. A., & Neumark-Sztainer, D. (2007). Prevalence and utility of DSM-IV eating disorder diagnostic criteria among youth. *International Journal of Eating Disorders, 40*, 409-417.

American Psychiatric Association. (2013). *Diagnostic and statistical manual of mental disorders* (5th ed.). Washington, DC: American Psychiatric Association.

Hudson, J. I., Hiripi, E., Pope, H. G. Jr., & Kessler, R. C. (2007). The prevalence and correlates of eating disorders in the National Comorbidity Survey Replication. *Biological Psychiatry, 61*(3), 348-358.

Kim, Y., Heo, S., Kang, H., Song, K., & Treasure, J. (2010). Childhood risk factors in Korean women with anorexia nervosa: Two sets of case-control studies with retrospective comparisons. *International Journal of Eating Disorders, 43*, 589-595.

Prochaska, J. O., & DiClemente, C. C. (1983). Stages and processes of self-change of smoking: Toward an integrative model of change. *Journal of*

Consulting and Clinical Psychology, 51, 390-395.

Prochaska, J. O., Norcross, J. C., & DiClemente, C. C. (1994). *Changing for good.* New York: HarperCollins Publishers.

Rollnick, S., Kinnersley, P., & Stott, N. (1993). Methods of helping patients with behavior-change. *British Medical Journal, 307,* 188-190.

Treasure, J., & Schmidt, U. (1997). *The clinician's guide to getting better bit(e) by bit(e): A survival kit for sufferers of bulimia nervosa and binge eating disorders.* East Sussex, UK: Psychology Press.

Treasure, J., Smith, G., & Crane, A. (2007). *Skills-based learning for caring for a loved one with an eating disorder: The new Maudsley method.* London: Routledge

찾아보기

인명

내용

저자소개

김율리 (정신과 전문의)

연세대학교 의과대학 졸업 및 동 대학교 대학원 졸업(의학박사)

국제섭식장애학술원(Academy for Eating Disorders) 임상장학상 수상

전) 런던대학교 킹스칼리지 섭식장애연구소 연구전임의

　　런던대학교 임페리얼칼리지 정신건강센터 선임연구원

현) 서울백병원 정신건강의학과 교수 및 섭식장애 클리닉 전문의

전옥순

연세대학교 간호학과 졸업

전) 세브란스병원 정신과 수간호사

현) 서울백병원 섭식장애 클리닉 전문치료사

섭식장애의 치료
-환자와 가족 그리고 치료자를 위한 지침서-

2013년 8월 30일 1판 1쇄 발행
2025년 5월 30일 1판 3쇄 발행

지은이 • 김율리 · 전옥순
펴낸이 • 김 진 환
펴낸곳 • ㈜ **학지사**

       04031 서울특별시 마포구 양화로 15길 20 마인드월드빌딩 5층

대표전화 • 02) 330-5114   팩스 • 02) 324-2345

등록번호 • 제313-2006-000265호

홈페이지 • http://www.hakjisa.co.kr
인스타그램 • https://www.instagram.com/hakjisabook/

ISBN 978-89-997-0172-6 93180

정가 **15,000**원

출판미디어기업 **학지사**

간호보건의학출판 **학지사메디컬** www.hakjisamd.co.kr
심리검사연구소 **인싸이트** www.inpsyt.co.kr
학술논문서비스 **뉴논문** www.newnonmun.com
원격교육연수원 **카운피아** www.counpia.com
대학교재전자책플랫폼 **캠퍼스북** www.campusbook.co.kr